LE TARTUFFE
OU
L'IMPOSTEUR

Comédie

ACTEURS

MADAME PERNELLE, mère d'Orgon.
ORGON, mari d'Elmire.
ELMIRE, femme d'Orgon.
DAMIS, fils d'Orgon.
MARIANE, fille d'Orgon et amante de Valère.
VALÈRE, amant de Mariane.
CLÉANTE, beau-frère d'Orgon.
TARTUFFE, faux dévot.
DORINE, suivante de Mariane.
MONSIEUR LOYAL, sergent.
UN EXEMPT.
FLIPOTE, servante de Madame Pernelle.

La scène est à Paris.

ACTE I, SCÈNE PREMIÈRE

MADAME PERNELLE et FLIPOTE, *sa servante*, ELMIRE, MARIANE, DORINE, DAMIS, CLÉANTE.

MADAME PERNELLE

> Allons, Flipote, allons; que d'eux je me délivre.

ELMIRE

> Vous marchez d'un tel pas, qu'on a peine à vous suivre.

MADAME PERNELLE

> Laissez, ma bru, laissez ; ne venez pas plus loin;
> Ce sont toutes façons, dont je n'ai pas besoin.

ELMIRE

> 5   De ce que l'on vous doit, envers vous on s'acquitte.
> Mais, ma mère, d'où vient que vous sortez si vite?

MADAME PERNELLE

C'est que je ne puis voir tout ce ménage-ci,

Et que de me complaire, on ne prend nul souci.

Oui, je sors de chez vous fort mal édifiée;

10 Dans toutes mes leçons, j'y suis contrariée ;

On n'y respecte rien; chacun y parle haut,

Et c'est, tout justement, la cour du roi Pétaut[1].

DORINE

Si...

MADAME PERNELLE

Vous êtes, mamie, une fille suivante

Un peu trop forte en gueule, et fort impertinente:

15 Vous vous mêlez sur tout de dire votre avis.

DAMIS

Mais...

MADAME PERNELLE

Vous êtes un sot en trois lettres, mon fils;

C'est moi qui vous le dis, qui suis votre grand'mère;

Et j'ai prédit cent fois à mon fils, votre père,

Que vous preniez tout l'air d'un méchant garnement,

20 Et ne lui donneriez jamais que du tourment.

MARIANE

Je crois...

MADAME PERNELLE

Mon Dieu, sa sœur, vous faites la discrète,

---

1   *Le roi Pétaut*, auquel personne n'obéissait, est le nom du chef que se donnait, par dérision, la corporation des mendiants parisiens.

Et vous n'y touchez pas, tant vous semblez doucette:
Mais il n'est, comme on dit, pire eau, que l'eau qui dort,
Et vous menez sous chape, un train que je hais fort.

ELMIRE

Mais, ma mère…

MADAME PERNELLE

25   Ma bru, qu'il ne vous en déplaise,
Votre conduite en tout, est tout à fait mauvaise:
Vous devriez leur mettre un bon exemple aux yeux,
Et leur défunte mère en usait beaucoup mieux.
Vous êtes dépensière, et cet état me blesse,
30 Que vous alliez vêtue ainsi qu'une princesse.
Quiconque à son mari veut plaire seulement,
Ma bru, n'a pas besoin de tant d'ajustement.

CLÉANTE

Mais, Madame, après tout…

MADAME PERNELLE

Pour vous, Monsieur son frère,
Je vous estime fort, vous aime, et vous révère:
35 Mais enfin, si j'étais de mon fils son époux,
Je vous prierais bien fort, de n'entrer point chez nous.
Sans cesse vous prêchez des maximes de vivre,
Qui par d'honnêtes gens ne se doivent point suivre :
Je vous parle un peu franc, mais c'est là mon humeur,
40 Et je ne mâche point ce que j'ai sur le cœur.

DAMIS

Votre Monsieur Tartuffe est bien heureux sans doute…

MADAME PERNELLE

C'est un homme de bien, qu'il faut que l'on écoute;
Et je ne puis souffrir, sans me mettre en courroux,

De le voir querellé par un fou comme vous.

DAMIS

45   Quoi! je souffrirai, moi, qu'un cagot[2] de critique,
Vienne usurper céans un pouvoir tyrannique ?
Et que nous ne puissions à rien nous divertir,
Si ce beau monsieur-là n'y daigne consentir?

DORINE

S'il le faut écouter, et croire à ses maximes,
50   On ne peut faire rien, qu'on ne fasse des crimes,
Car il contrôle tout, ce critique zélé.

MADAME PERNELLE

Et tout ce qu'il contrôle, est fort bien contrôlé.
C'est au chemin du Ciel qu'il prétend vous conduire ;
Et mon fils, à l'aimer, vous devrait tous induire.

DAMIS

55   Non, voyez-vous, ma mère, il n'est père, ni rien,
Qui me puisse obliger à lui vouloir du bien.
Je trahirais mon cœur, de parler d'autre sorte;
Sur ses façons de faire, à tous coups je m'emporte;
J'en prévois une suite, et qu'avec ce pied plat
60   Il faudra que j'en vienne à quelque grand éclat.

DORINE

Certes, c'est une chose aussi qui scandalise,
De voir qu'un inconnu céans s'impatronise ;
Qu'un gueux qui, quand il vint, n'avait pas de souliers,
Et dont l'habit entier valait bien six deniers,
65   En vienne jusque-là, que de se méconnaître,
De contrarier tout, et de faire le maître.

---

2   Un *cagot* est un faux dévot, un hypocrite; un *cagot de critique* est un hypocrite qui se mêle de tout critiquer.

MADAME PERNELLE

Hé, merci de ma vie[3] il en irait bien mieux,
Si tout se gouvernait par ses ordres pieux.

DORINE

Il passe pour un saint dans votre fantaisie;
70   Tout son fait, croyez-moi, n'est rien qu'hypocrisie.

MADAME PERNELLE

Voyez la langue!

DORINE

À lui, non plus qu'à son Laurent,
Je ne me fierais, moi, que sur un bon garant.

MADAME PERNELLE

J'ignore ce qu'au fond le serviteur peut être;
Mais pour homme de bien, je garantis le maître.
75   Vous ne lui voulez mal, et ne le rebutez[4],
Qu'à cause qu'il vous dit à tous vos vérités.
C'est contre le péché que son cœur se courrouce,
Et l'intérêt du Ciel est tout ce qui le pousse.

DORINE

Oui; mais pourquoi surtout, depuis un certain temps,
80   Ne saurait-il souffrir qu'aucun hante céans?
En quoi blesse le Ciel une visite honnête,
Pour en faire un vacarme à nous rompre la tête?
Veut-on que là-dessus je m'explique entre nous?
Je crois que de Madame il est, ma foi, jaloux.

MADAME PERNELLE

---

3   *Merci de ma vie* est un «serment du petit peuple» (Dictionnaire de Furetière, 1690):
Que Dieu ait pitié de ma vie.
4   *Rebuter* quelqu'un: rejeter ses conseils.

85   Taisez-vous, et songez aux choses que vous dites.
    Ce n'est pas lui tout seul qui blâme ces visites ;
    Tout ce tracas qui suit les gens que vous hantez,
    Ces carrosses sans cesse à la porte plantés,
    Et de tant de laquais le bruyant assemblage,
90   Font un éclat fâcheux dans tout le voisinage.
    Je veux croire qu'au fond il ne se passe rien;
    Mais enfin on en parle, et cela n'est pas bien.

CLÉANTE

    Hé, voulez-vous, Madame, empêcher qu'on ne cause?
    Ce serait dans la vie une fâcheuse chose,
95   Si pour les sots discours où l'on peut être mis,
    Il fallait renoncer à ses meilleurs amis:
    Et quand même on pourrait se résoudre à le faire,
    Croiriez-vous obliger tout le monde à se taire?
    Contre la médisance il n'est point de rempart ;
100   À tous les sots caquets n'ayons donc nul égard;
    Efforçons-nous de vivre avec toute innocence,
    Et laissons aux causeurs une pleine licence.

DORINE

    Daphné notre voisine, et son petit époux,
    Ne seraient-ils point ceux qui parlent mal de nous?
105   Ceux de qui la conduite offre le plus à rire,
    Sont toujours sur autrui les premiers à médire;
    Ils ne manquent jamais de saisir promptement
    L'apparente lueur du moindre attachement,
    D'en semer la nouvelle avec beaucoup de joie,
110   Et d'y donner le tour qu'ils veulent qu'on y croie.
    Des actions d'autrui, teintes de leurs couleurs,
    Ils pensent dans le monde autoriser les leurs,
    Et sous le faux espoir de quelque ressemblance,
    Aux intrigues qu'ils ont, donner de l'innocence,
115   Ou faire ailleurs tomber quelques traits partagés
    De ce blâme public dont ils sont trop chargés.

MADAME PERNELLE

Tous ces raisonnements ne font rien à l'affaire :
On sait qu'Orante mène une vie exemplaire ;
Tous ses soins vont au Ciel, et j'ai su par des gens,
120   Qu'elle condamne fort le train qui vient céans.

DORINE

L'exemple est admirable, et cette dame est bonne:
Il est vrai qu'elle vit en austère personne;
Mais l'âge, dans son âme, a mis ce zèle ardent,
Et l'on sait qu'elle est prude, à son corps défendant,
125   Tant qu'elle a pu des cœurs attirer les hommages,
Elle a fort bien joui de tous ses avantages:
Mais voyant de ses yeux tous les brillants[5] baisser,
Au monde, qui la quitte, elle veut renoncer;
Et du voile pompeux d'une haute sagesse,
130   De ses attraits usés, déguiser la faiblesse.
Ce sont là les retours des coquettes du temps.
Il leur est dur de voir déserter les galants.
Dans un tel abandon, leur sombre inquiétude
Ne voit d'autre recours que le métier de prude;
135   Et la sévérité de ces femmes de bien,
Censure toute chose, et ne pardonne à rien;
Hautement, d'un chacun, elles blâment la vie,
Non point par charité, mais par un trait d'envie
Qui ne saurait souffrir qu'une autre ait les plaisirs[6],
140   Dont le penchant de l'âge a sevré leurs désirs.

MADAME PERNELLE

Voilà les contes bleus[7] qu'il vous faut, pour vous plaire.
Ma bru, l'on est, chez vous, contrainte de se taire ;
Car Madame[8], à jaser, tient le dé tout le jour:
Mais enfin, je prétends discourir à mon tour.
145   Je vous dis que mon fils n'a rien fait de plus sage,

---

5   *Les brillants*: l'éclat, la beauté.

6   VAR. Qui ne saurait souffrir qu'un autre ait les plaisirs. (1682). *Un autre*, au sens général d'*une autre*, est fréquent au XVIIe siècle.

7   *Les contes bleus:* des adaptations populaires des romans de chevalerie formaient une «Bibliothèque bleue», ainsi appelée à cause de la couleur du papier utilisée pour la couverture des volumes.

8   *Madame*: c'est Dorine qui est ici ironiquement désignée.

Qu'en recueillant chez soi ce dévot personnage;

Que le Ciel au besoin[9] l'a céans envoyé,

Pour redresser à tous votre esprit fourvoyé;

Que pour votre salut vous le devez entendre,

150 Et qu'il ne reprend rien, qui ne soit à reprendre.

Ces visites, ces bals, ces conversations,

Sont, du malin esprit, toutes inventions.

Là, jamais on n'entend de pieuses paroles,

Ce sont propos oisifs, chansons, et fariboles;

155 Bien souvent le prochain en a sa bonne part,

Et l'on y sait médire, et du tiers, et du quart.

Enfin les gens sensés ont leurs têtes troublées,

De la confusion de telles assemblées:

Mille caquets divers s'y font en moins de rien;

160 Et comme l'autre jour un docteur dit fort bien,

C'est véritablement la tour de Babylone,

Car chacun y babille, et tout du long de l'aune[10];

Et pour conter l'histoire où ce point l'engagea…

Voilà-t-il pas Monsieur qui ricane déjà?

165 Allez chercher vos fous qui vous donnent à rire;

Et sans… Adieu, ma bru, je ne veux plus rien dire.

Sachez que pour céans j'en rabats de moitié[11],

Et qu'il fera beau temps, quand j'y mettrai le pied.

(Donnant un soufflet à Flipote.)

Allons, vous; vous rêvez, et bayez aux corneilles ;

170 Jour de Dieu[12], je saurai vous frotter les oreilles ;

Marchons, gaupe[13], marchons.

SCÈNE II

CLÉANTE, DORINE.

CLÉANTE

---

9   *Au besoin*: parce qu'il en était besoin.

10   «On dit qu'un homme en aura *tout le long de l'aune* pour dire qu'on lui fera tout le mal qu'on pourra» (Dictionnaire de Furetière, 1690).

11   *Pour céans j'en rabats de moitié*: l'estime que j'avais pour cette maison diminue fortement.

12   *Jour de Dieu*: «Sorte de serment burlesque, et qui ne se fait que par les femmes» (Dictionnaire de Richelet, 1679).

13   *Gaupe*: «Terme d'injure et de mépris. Femme malpropre et désagréable» (Littré).

Je n'y veux point aller,

De peur qu'elle ne vînt encor me quereller.

Que cette bonne femme[14]...

DORINE

Ah! certes, c'est dommage,

Qu'elle ne vous ouît tenir un tel langage;

175 Elle vous dirait bien qu'elle vous trouve bon,

Et qu'elle n'est point d'âge à lui donner ce nom.

CLÉANTE

Comme elle s'est pour rien contre nous échauffée!

Et que de son Tartuffe elle paraît coiffée[15]!

DORINE

Oh vraiment, tout cela n'est rien au prix du fils;

180 Et si vous l'aviez vu, vous diriez, c'est bien pis.

Nos troubles l'avaient mis sur le pied d'homme sage[16],

Et pour servir son Prince, il montra du courage:

Mais il est devenu comme un homme hébété,

Depuis que de Tartuffe on le voit entêté.

185 Il l'appelle son frère, et l'aime dans son âme

Cent fois plus qu'il ne fait mère, fils, fille, et femme.

C'est de tous ses secrets l'unique confident,

Et de ses actions le directeur[17] prudent.

Il le choie, il l'embrasse ; et pour une maîtresse,

190 On ne saurait, je pense, avoir plus de tendresse.

À table, au plus haut bout[18], il veut qu'il soit assis,

Avec joie il l'y voit manger autant que six;

---

14   *Cette bonne femme*: cette vieille femme (féminin de bonhomme, qui signifie alors vieil homme).

15   *Etre coiffé* de quelqu'un, c'est être entiché de quelqu'un, ne jurer que par lui.

16   *Nos troubles*: les troubles de la Fronde (1648-1652), durant lesquels Orgon n'a suivi ni le parti du Parlement, ni celui des Princes, mais est resté fidèle à la Cour. Il a ainsi acquis la réputation d'homme sage auprès du Roi, qui le récompensera au dénouement.

17   *Le directeur*: Tartuffe est bien le directeur de conscience d'Orgon. Certains laïcs, au XVIIe siècle, prenaient ainsi la responsabilité de diriger les âmes: ainsi, Jean de Bernières-Louvigny ou le baron Gaston de Renty.

18   *Au plus haut bout*: à l'endroit le plus honorable.

Les bons morceaux de tout, il fait qu'on les lui cède[19];

Et s'il vient à roter, il lui dit, Dieu vous aide[20].

(C'est une servante qui parle.)

195 Enfin il en est fou; c'est sont tout, son héros;

Il l'admire à tous coups, le cite à tout propos;

Ses moindres actions lui semblent des miracles,

Et tous les mots qu'il dit, sont pour lui des oracles.

Lui qui connaît sa dupe, et qui veut en jouir,

200 Par cent dehors fardés, a l'art de l'éblouir[21];

Son cagotisme[22] en tire à toute heure des sommes,

Et prend droit de gloser[23] sur tous tant que nous sommes.

Il n'est pas jusqu'au fat, qui lui sert de garçon[24],

Qui ne se mêle aussi de nous faire leçon.

205 Il vient nous sermonner avec des yeux farouches,

Et jeter nos rubans, notre rouge, et nos mouches.

Le traître, l'autre jour, nous rompit de ses mains,

Un mouchoir qu'il trouva dans une *Fleur des Saint*[25];

Disant que nous mêlions, par un crime effroyable,

210 Avec la sainteté, les parures du diable.

SCÈNE III

ELMIRE, MARIANE, DAMIS, CLÉANTE, DORINE.

ELMIRE

Vous êtes bien heureux, de n'être point venu

Au discours qu'à la porte elle nous a tenu.

Mais j'ai vu mon mari; comme il ne m'a point vue,

Je veux aller là-haut attendre sa venue.

---

[19] VAR. Les bons morceaux de tout, il faut qu'on les lui cède. (1682).

[20] Les vers 191 à 194 étaient sautés à la représentation.

[21] *Par cent dehors fardés a l'art de l'éblouir*: a l'art de le tromper par cent apparences fallacieuses.

[22] *Cagotisme*: mot forgé sur *cagot*, faux dévot, hypocrite.

[23] *Gloser*: critiquer.

[24] *Fat*: sot, niais; *garçon*: valet à tout faire.

[25] *Fleur des Saints*: probablement un des deux gros volumes de l'ouvrage du jésuite espagnol Ribadeneira, *Les Fleurs des Saints et les fêtes de toute l'année*, qui avait été traduit en français.

CLÉANTE

215   Moi, je l'attends ici pour moins d'amusement[26],
Et je vais lui donner le bonjour seulement.

DAMIS

De l'hymen[27] de ma sœur, touchez-lui quelque chose.
J'ai soupçon que Tartuffe à son effet[28] s'oppose ;
Qu'il oblige mon père à des détours si grands,
220   Et vous n'ignorez pas quel intérêt j'y prends.
Si même ardeur enflamme, et ma sœur, et Valère,
La sœur de cet ami, vous le savez, m'est chère:
Et s'il fallait…

DORINE

Il entre.

SCÈNE IV

ORGON, CLÉANTE, DORINE.

ORGON

Ah, mon frère, bonjour.

CLÉANTE

Je sortais, et j'ai joie à vous voir de retour:
225   La campagne, à présent, n'est pas beaucoup fleurie.

ORGON

Dorine, mon beau-frère, attendez, je vous prie.
Vous voulez bien souffrir, pour m'ôter de souci,
Que je m'informe un peu des nouvelles d'ici.

---

26   *Pour moins d'amusement*: pour perdre moins de temps.
27   *L'hymen*: le mariage.
28   *À son effet*: à sa célébration.

Tout s'est-il, ces deux jours, passé de bonne sorte?
Qu'est-ce qu'on fait céans? Comme est-ce qu'on s'y porte?

DORINE

Madame eut, avant-hier, la fièvre jusqu'au soir,
Avec un mal de tête étrange à concevoir.

ORGON

Et Tartuffe?

DORINE

Tartuffe? Il se porte à merveille,
Gros, et gras, le teint frais, et la bouche vermeille.

ORGON

Le pauvre homme!

DORINE

Le soir elle eut un grand dégoût,
Et ne put au souper toucher à rien du tout,
Tant sa douleur de tête était encor cruelle.

ORGON

Et Tartuffe?

DORINE

Il soupa, lui tout seul, devant elle,
Et fort dévotement il mangea deux perdrix,
240 Avec une moitié de gigot en hachis.

ORGON

Le pauvre homme!

DORINE

12

> La nuit se passa tout entière,
> Sans qu'elle pût fermer un moment la paupière;
> Des chaleurs l'empêchaient de pouvoir sommeiller,
> Et jusqu'au jour, près d'elle, il nous fallut veiller.

ORGON

> Et Tartuffe?

DORINE

245   Pressé d'un sommeil agréable,
> Il passa dans sa chambre, au sortir de la table;
> Et dans son lit bien chaud, il se mit tout soudain,
> Où sans trouble il dormit jusques au lendemain.

ORGON

> Le pauvre homme!

DORINE

> À la fin, par nos raisons gagnée,
250   Elle se résolut à souffrir la saignée,
> Et le soulagement suivit tout aussitôt.

ORGON

> Et Tartuffe?

DORINE

> Il reprit courage comme il faut ;
> Et contre tous les maux fortifiant son âme,
> Pour réparer le sang qu'avait perdu Madame,
255   But à son déjeuner, quatre grands coups de vin.

ORGON

Le pauvre homme[29]!

DORINE

Tous deux se portent bien enfin;
Et je vais à Madame annoncer par avance,
La part que vous prenez à sa convalescence.

SCÈNE V

ORGON, CLÉANTE.

CLÉANTE

À votre nez, mon frère, elle se rit de vous;
260 Et sans avoir dessein de vous mettre en courroux,
Je vous dirai tout franc, que c'est avec justice.
A-t-on jamais parlé d'un semblable caprice?
Et se peut-il qu'un homme ait un charme aujourd'hui
À vous faire oublier toutes choses pour lui ?
265 Qu'après avoir chez vous réparé sa misère,
Vous en veniez au point…

ORGON

Alte-là, mon beau-frère,
Vous ne connaissez pas celui dont vous parlez.

CLÉANTE

Je ne le connais pas, puisque vous le voulez:
Mais enfin, pour savoir quel homme ce peut être…

ORGON

270 Mon frère, vous seriez charmé de le connaître,

---

29   On renvoie souvent, à propos de cette exclamation répétée, à Tallement des Réaux (*Historiettes*, éd. A. Adam, Pléiade, t. I, p. 295): le gardien d'un couvent de capucins, à qui on donnait d'excellentes nouvelles du Père Joseph, l'éminence grise de Richelieu, ne cessait de dire, avec une admiration attendrie: «Le pauvre homme!» Molière a-t-il eu connaissance de l'anecdote?

Et vos ravissements[30] ne prendraient point de fin.

C'est un homme… qui… ha… un homme… un homme enfin.

Qui suit bien ses leçons, goûte une paix profonde,

Et comme du fumier, regarde tout le monde[31].

275   Oui, je deviens tout autre avec son entretien,

Il m'enseigne à n'avoir affection pour rien;

De toutes amitiés il détache mon âme;

Et je verrais mourir frère, enfants, mère, et femme,

Que je m'en soucierais autant que de cela.

CLÉANTE

280   Les sentiments humains, mon frère, que voilà!

ORGON

Ha, si vous aviez vu comme j'en fis rencontre,

Vous auriez pris pour lui l'amitié que je montre.

Chaque jour à l'église il venait d'un air doux,

Tout vis-à-vis de moi, se mettre à deux genoux.

285   Il attirait les yeux de l'assemblée entière,

Par l'ardeur dont au Ciel il poussait sa prière:

Il faisait des soupirs, de grands élancements,

Et baisait humblement la terre à tous moments;

Et lorsque je sortais, il me devançait vite,

290   Pour m'aller à la porte offrir de l'eau bénite.

Instruit par son garçon, qui dans tout l'imitait,

Et de son indigence, et de ce qu'il était,

Je lui faisais des dons; mais avec modestie,

Il me voulait toujours en rendre une partie.

295   C'est trop, me disait-il, c'est trop de la moitié,

Je ne mérite pas de vous faire pitié:

Et quand je refusais de le vouloir reprendre,

Aux pauvres, à mes yeux, il allait le répandre.

Enfin le Ciel, chez moi, me le fit retirer,

300   Et depuis ce temps-là, tout semble y prospérer.

---

30   *Vos ravissements*: Orgon emploie là abusivement un mot du vocabulaire mystique.

31   On lit dans l'*Imitation de Jésus-Christ*, I, 3: *Vere prudens est qui omnia terrena arbitratur ut stercora*, ce que Corneille traduit: «Vraiment sage est celui qui prend pour du fumier les choses de la terre.» Mais Orgon a renchéri sur l'*Imitation* dans les vers suivants, car ce ne sont pas seulement les biens terrestres qu'il méprise, mais aussi les affections familiales les plus légitimes.

Je vois qu'il reprend tout, et qu'à ma femme même,

Il prend pour mon honneur un intérêt extrême;

Il m'avertit des gens qui lui font les yeux doux,

Et plus que moi, six fois, il s'en montre jaloux.

305   Mais vous ne croiriez point jusqu'où monte son zèle;

Il s'impute à péché la moindre bagatelle,

Un rien presque suffit pour le scandaliser,

Jusque-là qu'il se vint l'autre jour accuser

D'avoir pris une puce en faisant sa prière,

310   Et de l'avoir tuée avec trop de colère.

CLÉANTE

Parbleu, vous êtes fou, mon frère, que je croi.

Avec de tels discours vous moquez-vous de moi?

Et que prétendez-vous que tout ce badinage[32]...

ORGON

Mon frère, ce discours sent le libertinage[33].

315   Vous en êtes un peu dans votre âme entiché[34];

Et comme je vous l'ai plus de dix fois prêché,

Vous vous attirerez quelque méchante affaire.

CLÉANTE

Voilà de vos pareils le discours ordinaire.

Ils veulent que chacun soit aveugle comme eux.

320   C'est être libertin, que d'avoir de bons yeux;

Et qui n'adore pas de vaines simagrées,

N'a ni respect, ni foi, pour les choses sacrées.

Allez, tous vos discours ne me font point de peur;

Je sais comme je parle, et le Ciel voit mon cœur.

325   De tous vos façonniers on n'est point les esclaves,

Il est de faux dévots, ainsi que de faux braves:

Et comme on ne voit pas qu'où l'honneur les conduit,

Les vrais braves soient ceux qui font beaucoup de bruit;

Les bons et vrais dévots qu'on doit suivre à la trace,

---

32   Cette expression équivaut à: «Et que prétendez-vous que toutes ces niaiseries prouvent?»

33   *Le libertinage*: non pas la libre-pensée caractérisée, mais le manque de respect pour tout ce qui touche aux choses religieuses.

34   *Entiché*: «gâté par quelque chose de faux ou de moralement mauvais» (Littré).

330   Ne sont pas ceux aussi qui font tant de grimace.

Hé quoi! vous ne ferez nulle distinction

Entre l'hypocrisie, et la dévotion?

Vous les voulez traiter d'un semblable langage,

Et rendre même honneur au masque qu'au visage?

335   Egaler l'artifice, à la sincérité;

Confondre l'apparence, avec la vérité;

Estimer le fantôme, autant que la personne;

Et la fausse monnaie, à l'égal de la bonne?

Les hommes, la plupart, sont étrangement faits!

340   Dans la juste nature on ne les voit jamais.

La raison a pour eux des bornes trop petites.

En chaque caractère ils passent ses limites,

Et la plus noble chose, ils la gâtent souvent,

Pour la vouloir outrer, et pousser trop avant.

345   Que cela vous soit dit en passant, mon beau-frère.

ORGON

Oui, vous êtes, sans doute[35], un docteur qu'on révère;

Tout le savoir du monde est chez vous retiré,

Vous êtes le seul sage, et le seul éclairé,

Un oracle, un Caton[36], dans le siècle où nous sommes,

350   Et près de vous ce sont des sots, que tous les hommes.

CLÉANTE

Je ne suis point, mon frère, un docteur révéré,

Et le savoir, chez moi, n'est pas tout retiré.

Mais en un mot je sais, pour toute ma science,

Du faux, avec le vrai, faire la différence:

355   Et comme je ne vois nul genre de héros

Qui soient plus à priser que les parfaits dévots;

Aucune chose au monde, et plus noble, et plus belle,

Que la sainte ferveur d'un véritable zèle;

Aussi ne vois-je rien qui soit plus odieux,

360   Que le dehors plâtré d'un zèle spécieux;

Que ces francs charlatans, que ces dévots de place[37],

---

35   Sans doute: sans aucun doute, assurément.

36   Caton l'Ancien passait pour l'auteur de distiques moraux souvent réimprimés aux XVIe et XVIIe siècles, et qui sont en réalité l'œuvre de Dionysius Cato, qui vécut au Ier siècle de notre ère.

De qui la sacrilège et trompeuse grimace

Abuse impunément, et se joue à leur gré,

De ce qu'ont les mortels de plus saint, et sacré.

365   Ces gens, qui par une âme à l'intérêt soumise,

Font de dévotion métier et marchandise,

Et veulent acheter crédit, et dignités,

À prix de faux clins d'yeux, et d'élans affectés.

Ces gens, dis-je, qu'on voit d'une ardeur non commune,

370   Par le chemin du Ciel courir à leur fortune;

Qui brûlants, et priants, demandent chaque jour[38],

Et prêchent la retraite au milieu de la cour:

Qui savent ajuster leur zèle avec leurs vices,

Sont prompts, vindicatifs, sans foi, pleins d'artifices,

375   Et pour perdre quelqu'un, couvrent insolemment,

De l'intérêt du Ciel, leur fier[39] ressentiment ;

D'autant plus dangereux dans leur âpre colère,

Qu'ils prennent contre nous des armes qu'on révère,

Et que leur passion dont on leur sait bon gré,

380   Veut nous assassiner avec un fer sacré.

De ce faux caractère, on en voit trop paraître;

Mais les dévots de cœur sont aisés à connaître.

Notre siècle, mon frère, en expose à nos yeux,

Qui peuvent nous servir d'exemples glorieux.

385   Regardez Ariston, regardez Périandre,

Oronte, Alcidamas, Polydore, Clitandre:

Ce titre par aucun ne leur est débattu,

Ce ne sont point du tout fanfarons de vertu,

On ne voit point en eux ce faste insupportable,

390   Et leur dévotion est humaine, est traitable.

Ils ne censurent point toutes nos actions,

Ils trouvent trop d'orgueil dans ces corrections,

Et laissant la fierté des paroles aux autres,

C'est par leurs actions, qu'ils reprennent les nôtres.

395   L'apparence du mal a chez eux peu d'appui[40],

Et leur âme est portée à juger bien d'autrui ;

---

37   *Ces dévots de place*: ces dévots qui font profession d'être dévots sur la place publique, comme les domestiques qui attendaient sur la place publique qu'on les engage, et qu'on appelait «valets de place».

38   *Demandent chaque jour*: ont chaque jour une requête à présenter en faveur de tel ou tel de leurs protégés.

39   *Fier*: brutal, féroce.

40   *Appui*, au figuré, signifie «faveur, crédit» (Dictionnaire de Furetière, 1690). L'apparence du mal a chez eux peu de crédit, et elle ne suffit pas à les persuader.

Point de cabale en eux; point d'intrigues à suivre;
On les voit pour tous soins, se mêler de bien vivre.
Jamais contre un pécheur ils n'ont d'acharnement.
400   Ils attachent leur haine au péché seulement,
Et ne veulent point prendre, avec un zèle extrême,
Les intérêts du Ciel, plus qu'il ne veut lui-même.
Voilà mes gens, voilà comme il en faut user,
Voilà l'exemple enfin qu'il se faut proposer.
405   Votre homme, à dire vrai, n'est pas de ce modèle,
C'est de fort bonne foi que vous vantez son zèle,
Mais par un faux éclat je vous crois ébloui[41].

ORGON

Monsieur mon cher beau-frère, avez-vous tout dit?

CLÉANTE

Oui.

ORGON

Je suis votre valet.
(Il veut s'en aller.)

CLÉANTE

De grâce, un mot, mon frère,
410   Laissons là ce discours. Vous savez que Valère,
Pour être votre gendre, a parole de vous.

ORGON

Oui.

CLÉANTE

Vous aviez pris jour pour un lien si doux.

ORGON

---

41   *Ébloui:* abusé, trompé.

Il est vrai.

CLÉANTE

Pourquoi donc en différer la fête?

ORGON

Je ne sais.

CLÉANTE

Auriez-vous autre pensée en tête?

ORGON

Peut-être.

CLÉANTE

415   Vous voulez manquer à votre foi?

ORGON

Je ne dis pas cela.

CLÉANTE

Nul obstacle, je croi,
Ne vous peut empêcher d'accomplir vos promesses.

ORGON

Selon.

CLÉANTE

Pour dire un mot, faut-il tant de finesses?
Valère, sur ce point, me fait vous visiter.

ORGON

Le Ciel en soit loué.

CLÉANTE

420   Mais que lui reporter?

ORGON

Tout ce qu'il vous plaira.

CLÉANTE

Mais il est nécessaire
De savoir vos desseins. Quels sont-ils donc?

ORGON

De faire
Ce que le Ciel voudra.

CLÉANTE

Mais parlons tout de bon.
Valère a votre foi. La tiendrez-vous, ou non?

ORGON

Adieu.

CLÉANTE

425   Pour son amour, je crains une disgrâce,
Et je dois l'avertir de tout ce qui se passe.

ACTE II, SCÈNE PREMIÈRE

ORGON, MARIANE.

ORGON

Mariane.

MARIANE

Mon père.

ORGON

Approchez. J'ai de quoi
Vous parler en secret.

MARIANE

Que cherchez-vous?

ORGON. *Il regarde dans un petit cabinet.*

Je voi
Si quelqu'un n'est point là, qui pourrait nous entendre:
430   Car ce petit endroit est propre pour surprendre.
Or sus, nous voilà bien. J'ai, Mariane, en vous,
Reconnu, de tout temps, un esprit assez doux;
Et de tout temps aussi vous m'avez été chère.

MARIANE

Je suis fort redevable à cet amour de père.

ORGON

435   C'est fort bien dit, ma fille; et pour le mériter,
Vous devez n'avoir soin que de me contenter.

MARIANE

C'est où je mets aussi ma gloire la plus haute.

ORGON

Fort bien. Que dites-vous de Tartuffe notre hôte?

MARIANE

Qui, moi?

ORGON

Vous. Voyez bien comme vous répondrez.

MARIANE

440   Hélas[42]! j'en dirai, moi, tout ce que vous voudrez.

ORGON

C'est parler sagement. Dites-moi donc, ma fille,
Qu'en toute sa personne un haut mérite brille,
Qu'il touche votre cœur, et qu'il vous serait doux
De le voir, par mon choix, devenir votre époux.
Eh?
(Mariane se recule avec surprise.)

MARIANE

Eh?

ORGON

Qu'est-ce?

MARIANE

Plaît-il?

ORGON

Quoi?

MARIANE

445   Me suis-je méprise?

---

[42]   *Hélas:* il arrive que cette interjection ne marque pas le regret ni la douleur. (Cf. *Les Femmes savantes*, IV, 5, v. 1447: «Hélas! dans cette humeur conservez-le toujours!»).

ORGON

Comment?

MARIANE

Qui voulez-vous, mon père, que je dise,
Qui me touche le cœur, et qu'il me serait doux
De voir, par votre choix, devenir mon époux?

ORGON

Tartuffe.

MARIANE

Il n'en est rien, mon père, je vous jure:
450   Pourquoi me faire dire une telle imposture?

ORGON

Mais je veux que cela soit une vérité;
Et c'est assez pour vous, que je l'aie arrêté.

MARIANE

Quoi! vous voulez, mon père…

ORGON

Oui, je prétends, ma fille,
Unir, par votre hymen[43], Tartuffe à ma famille.
455   Il sera votre époux, j'ai résolu cela;
Et comme sur vos vœux je…

SCÈNE II

DORINE, ORGON, MARIANE.

---

43   *Votre'hymen*: votre mariage.

ORGON

Que faites-vous là?
La curiosité qui vous presse, est bien forte,
Mamie, à nous venir écouter de la sorte[44].

DORINE

Vraiment, je ne sais pas si c'est un bruit qui part
460   De quelque conjecture, ou d'un coup de hasard;
Mais de ce mariage on m'a dit la nouvelle,
Et j'ai traité cela de pure bagatelle.

ORGON

Quoi donc, la chose est-elle incroyable?

DORINE

À tel point,
Que vous-même, Monsieur, je ne vous en crois point.

ORGON

465   Je sais bien le moyen de vous le faire croire.

DORINE

Oui, oui, vous nous contez une plaisante histoire.

ORGON

Je conte justement ce qu'on verra dans peu.

DORINE

Chansons.

---

44   Selon l'édition de 1734, c'est juste après le vers 440 prononcé par Mariane, que Dorine est entrée doucement et s'est mise derrière Orgon sans être vue de lui.

ORGON

Ce que je dis, ma fille, n'est point jeu.

DORINE

Allez, ne croyez point à Monsieur votre père,
Il raille.

ORGON

Je vous dis…

DORINE

470   Non, vous avez beau faire,
On ne vous croira point.

ORGON

À la fin, mon courroux…

DORINE

Hé bien on vous croit donc, et c'est tant pis pour vous.
Quoi! se peut-il, Monsieur, qu'avec l'air d'homme sage,
Et cette large barbe au milieu du visage,
Vous soyez assez fou pour vouloir…

ORGON

475   Écoutez.
Vous avez pris céans certaines privautés
Qui ne me plaisent point; je vous le dis, mamie.

DORINE

Parlons sans nous fâcher, Monsieur, je vous supplie.
Vous moquez-vous des gens, d'avoir fait ce complot?
480 Votre fille n'est point l'affaire d'un bigot.
Il a d'autres emplois auxquels il faut qu'il pense ;
Et puis, que vous apporte une telle alliance?

À quel sujet aller, avec tout votre bien,
Choisir un gendre gueux…

ORGON

Taisez-vous. S'il n'a rien,
485 Sachez que c'est par là, qu'il faut qu'on le révère.
Sa misère est sans doute[45] une honnête misère.
Au-dessus des grandeurs elle doit l'élever,
Puisque enfin de son bien il s'est laissé priver
Par son trop peu de soin des choses temporelles,
490 Et sa puissante attache aux choses éternelles.
Mais mon secours pourra lui donner les moyens
De sortir d'embarras, et rentrer dans ses biens.
Ce sont fiefs qu'à bon titre au pays on renomme;
Et tel que l'on le voit, il est bien gentilhomme[46].

DORINE

495 Oui, c'est lui qui le dit; et cette vanité,
Monsieur, ne sied pas bien avec la piété.
Qui d'une sainte vie embrasse l'innocence,
Ne doit point tant prôner son nom, et sa naissance ;
Et l'humble procédé de la dévotion,
500 Souffre mal les éclats de cette ambition.
À quoi bon cet orgueil… Mais ce discours vous blesse,
Parlons de sa personne, et laissons sa noblesse.
Ferez-vous possesseur, sans quelque peu d'ennui,
D'une fille comme elle, un homme comme lui?
505 Et ne devez-vous pas songer aux bienséances,
Et de cette union prévoir les conséquences?
Sachez que d'une fille on risque la vertu,
Lorsque dans son hymen son goût est combattu ;
Que le dessein d'y vivre en honnête personne,
510 Dépend des qualités du mari qu'on lui donne ;
Et que ceux dont partout on montre au doigt le front,
Font leurs femmes souvent, ce qu'on voit qu'elles sont.
Il est bien difficile enfin d'être fidèle

---

45   *Sans doute* : sans aucun doute.
46   *Il est bien gentilhomme*: être gentilhomme, c'est jouir de cette condition par la naissance, et non pas par l'exercice d'une charge ou par la grâce du roi.

À de certains maris faits d'un certain modèle;
515   Et qui donne à sa fille un homme qu'elle hait,
Est responsable au Ciel des fautes qu'elle fait.
Songez à quels périls votre dessein vous livre.

ORGON

Je vous dis qu'il me faut apprendre d'elle à vivre.

DORINE

Vous n'en feriez que mieux, de suivre mes leçons.

ORGON

520   Ne nous amusons point, ma fille, à ces chansons ;
Je sais ce qu'il vous faut, et je suis votre père.
J'avais donné pour vous ma parole à Valère;
Mais outre qu'à jouer on dit qu'il est enclin,
Je le soupçonne encor d'être un peu libertin[47];
525   Je ne remarque point qu'il hante les églises.

DORINE

Voulez-vous qu'il y coure à vos heures précises,
Comme ceux qui n'y vont que pour être aperçus?

ORGON

Je ne demande pas votre avis là-dessus.
Enfin, avec le Ciel, l'autre est le mieux du monde,
530   Et c'est une richesse à nulle autre seconde.
Cet hymen, de tous biens, comblera vos désirs.
Il sera tout confit en douceurs, et plaisirs[48].
Ensemble vous vivrez, dans vos ardeurs fidèles,
Comme deux vrais enfants, comme deux tourterelles.
535   À nul fâcheux débat jamais vous n'en viendrez,
Et vous ferez de lui tout ce que vous voudrez.

---

47   *Un peu libertin*: il ne s'agit pas ici de libre-pensée caractérisée, mais de manque de respect pour tout ce qui touche à la religion.

48   VAR. Et sera tout confit en douceurs, et plaisirs. (1682).

DORINE

Elle? elle n'en fera qu'un sot[49], je vous assure.

ORGON

Ouais, quels discours!

DORINE

Je dis qu'il en a l'encolure,
Et que son ascendant[50], Monsieur, l'emportera
540   Sur toute la vertu que votre fille aura.

ORGON

Cessez de m'interrompre, et songez à vous taire,
Sans mettre votre nez où vous n'avez que faire.

DORINE

Je n'en parle, Monsieur, que pour votre intérêt.
*(Elle l'interrompt toujours au moment
qu'il se retourne pour parler à sa fille.)*

ORGON

C'est prendre trop de soin; taisez-vous, s'il vous plaît.

DORINE

Si l'on ne vous aimait…

ORGON

Je ne veux pas qu'on m'aime.

---

49   *Un sot*: un mari trompé.
50   *Son ascendant*: l'influence que les astres exercent sur lui (cf. *L'Ecole des maris*, v. 1099).

DORINE

Et je veux vous aimer, Monsieur, malgré vous-même.

ORGON

Ah!

DORINE

Votre honneur m'est cher, et je ne puis souffrir
Qu'aux brocards d'un chacun vous alliez vous offrir.

ORGON

Vous ne vous tairez point?

DORINE

C'est une conscience[51],
550   Que de vous laisser faire une telle alliance.

ORGON

Te tairas-tu, serpent, dont les traits effrontés…

DORINE

Ah! vous êtes dévot, et vous vous emportez?

ORGON

Oui, ma bile s'échauffe à toutes ces fadaises,
Et, tout résolûment, je veux que tu te taises.

DORINE

555   Soit. Mais ne disant mot, je n'en pense pas moins.

---

51   *C'est une conscience*: c'est une affaire de conscience. C'est-à-dire: «C'est un devoir de ne pas vous laisser conclure une telle alliance.»

ORGON

Pense, si tu le veux; mais applique tes soins
À ne m'en point parler, ou... suffit.
(Se retournant vers sa fille.)
       Comme sage,
J'ai pesé mûrement toutes choses.

DORINE

      J'enrage
De ne pouvoir parler.
(Elle se tait lorsqu'il tourne la tête.)

ORGON

     Sans être damoiseau,
Tartuffe est fait de sorte...

DORINE

     Oui, c'est un beau museau.

ORGON

Que quand tu n'aurais même aucune sympathie
Pour tous les autres dons...
(Il se tourne devant elle, et la regarde les bras croisés.)

DORINE

      La voilà bien lotie.
Si j'étais en sa place, un homme assurément
Ne m'épouserait pas de force, impunément;
565 Et je lui ferais voir bientôt, après la fête,
Qu'une femme a toujours une vengeance prête.

ORGON

Donc, de ce que je dis, on ne fera nul cas?

DORINE

De quoi vous plaignez-vous? je ne vous parle pas.

ORGON

Qu'est-ce que tu fais donc?

DORINE

Je me parle à moi-même.

ORGON

570   Fort bien. Pour châtier son insolence extrême,
Il faut que je lui donne un revers de ma main.
*(Il se met en posture de lui donner un soufflet; et Dorine
à chaque coup d'œil qu'il jette, se tient droite sans parler.)*
Ma fille, vous devez approuver mon dessein…
Croire que le mari… que j'ai su vous élire[52]…
Que ne te parles-tu?

DORINE

Je n'ai rien à me dire.

ORGON

Encore un petit mot.

DORINE

575   Il ne me plaît pas, moi.

ORGON

Certes, je t'y guettais.

DORINE

Quelque sotte, ma foi[53].

---

52   *Élire*: choisir.

ORGON

> Enfin, ma fille, il faut payer d'obéissance[54],
> Et montrer, pour mon choix, entière déférence.

DORINE, *en s'enfuyant.*

> Je me moquerais fort[55], de prendre un tel époux.
> *(Il lui veut donner un soufflet, et la manque.)*

ORGON

> 580   Vous avez là, ma fille, une peste avec vous,
> Avec qui, sans péché, je ne saurais plus vivre.
> Je me sens hors d'état maintenant de poursuivre,
> Ses discours insolents m'ont mis l'esprit en feu,
> Et je vais prendre l'air, pour me rasseoir[56] un peu.

SCÈNE III

DORINE, MARIANE.

DORINE

> 585   Avez-vous donc perdu, dites-moi, la parole ?
> Et faut-il qu'en ceci je fasse votre rôle?
> Souffrir qu'on vous propose un projet insensé,
> Sans que du moindre mot vous l'ayez repoussé!

MARIANE

> Contre un père absolu, que veux-tu que je fasse?

DORINE

---

53   *Quelque sotte*: seule une sotte ferait cela.
54   *Payer d'obéissance*: faire preuve d'obéissance.
55   *Je me moquerais fort*: je me garderais bien, comme d'une chose ridicule, de prendre un tel époux.
56   *Me rasseoir*: me remettre, me calmer.

590   Ce qu'il faut pour parer une telle menace.

MARIANE

Quoi?

DORINE

Lui dire qu'un cœur n'aime point par autrui;
Que vous vous mariez pour vous, non pas pour lui;
Qu'étant celle pour qui se fait toute l'affaire,
C'est à vous, non à lui, que le mari doit plaire;
595   Et que si son Tartuffe est pour lui si charmant,
Il le peut épouser, sans nul empêchement.

MARIANE

Un père, je l'avoue, a sur nous tant d'empire,
Que je n'ai jamais eu la force de rien dire.

DORINE

Mais raisonnons. Valère a fait pour vous des pas[57];
600   L'aimez-vous, je vous prie, ou ne l'aimez-vous pas?

MARIANE

Ah! qu'envers mon amour, ton injustice est grande,
Dorine! me dois-tu faire cette demande?
T'ai-je pas là-dessus ouvert cent fois mon cœur?
Et sais-tu pas, pour lui, jusqu'où va mon ardeur?

DORINE

605   Que sais-je si le cœur a parlé par la bouche,
Et si c'est tout de bon que cet amant vous touche?

MARIANE

Tu me fais un grand tort, Dorine, d'en douter,

---

57   *A fait pour vous des pas*: vous a demandée en mariage.

34

Et mes vrais sentiments ont su trop éclater.

DORINE

Enfin, vous l'aimez donc?

MARIANE

Oui, d'une ardeur extrême.

DORINE

610   Et selon l'apparence, il vous aime de même?

MARIANE

Je le crois.

DORINE

Et tous deux brûlez également
De vous voir mariés ensemble?

MARIANE

Assurément.

DORINE

Sur cette autre union, quelle est donc votre attente?

MARIANE

De me donner la mort, si l'on me violente.

DORINE

615   Fort bien. C'est un recours où je ne songeais pas;
Vous n'avez qu'à mourir, pour sortir d'embarras,
Le remède sans doute est merveilleux. J'enrage,
Lorsque j'entends tenir ces sortes de langage.

MARIANE

Mon Dieu, de quelle humeur, Dorine, tu te rends!
620   Tu ne compatis point aux déplaisirs des gens.

DORINE

Je ne compatis point à qui dit des sornettes,
Et dans l'occasion[58] mollit comme vous faites.

MARIANE

Mais que veux-tu? si j'ai de la timidité.

DORINE

Mais l'amour dans un cœur veut de la fermeté.

MARIANE

625   Mais n'en gardé-je pas pour les feux de Valère?
Et n'est-ce pas à lui de m'obtenir d'un père?

DORINE

Mais quoi! si votre père est un bourru[59] fieffé,
Qui s'est de son Tartuffe entièrement coiffé[60],
Et manque à l'union qu'il avait arrêtée,
630   La faute à votre amant doit-elle être imputée?

MARIANE

Mais par un haut refus, et d'éclatants mépris,
Ferai-je, dans mon choix, voir un cœur trop épris?
Sortirai-je pour lui, quelque éclat dont il brille,
De la pudeur du sexe, et du devoir de fille?
635   Et veux-tu que mes feux par le monde étalés…

---

58   *Dans l'occasion*: au combat, dans la bataille. Le sens militaire de l'expression est ici confirmé par l'emploi de *mollir* (manquer de courage, faillir, fléchir).
59   *Bourru*: «fantasque, bizarre, extragant» (Dictionnaire de l'Académie, 1694).
60   *Etre coiffé* de quelqu'un, c'est être entiché de quelqu'un, ne jurer que par lui.

DORINE

Non, non, je ne veux rien. Je vois que vous voulez

Être à Monsieur Tartuffe; et j'aurais, quand j'y pense,

Tort de vous détourner d'une telle alliance.

Quelle raison aurais-je à combattre vos vœux?

640   Le parti, de soi-même, est fort avantageux.

Monsieur Tartuffe! oh, oh, n'est-ce rien qu'on propose?

Certes, Monsieur Tartuffe, à bien prendre la chose,

N'est pas un homme, non, qui se mouche du pié[61],

Et ce n'est pas peu d'heur[62], que d'être sa moitié.

645   Tout le monde déjà de gloire le couronne,

Il est noble chez lui[63], bien fait de sa personne,

Il a l'oreille rouge, et le teint bien fleuri;

Vous vivrez trop contente avec un tel mari[64].

MARIANE

Mon Dieu…

DORINE

Quelle allégresse aurez-vous dans votre âme,

650   Quand d'un époux si beau vous vous verrez la femme!

MARIANE

Ha, cesse, je te prie, un semblable discours,

Et contre cet hymen ouvre-moi du secours.

C'en est fait, je me rends, et suis prête à tout faire.

DORINE

Non, il faut qu'une fille obéisse à son père,

655   Voulût-il lui donner un singe pour époux.

---

61   «On dit d'un homme habile et difficile à surprendre qu'il *ne se mouche pas du pied*» (Dictionnaire de Furetière, 1690).

62   *Heur*, pour *bonheur*, commence à être un archaïsme après 1660.

63   *Chez lui*: c'est là une restriction significative (cf. ce que dit Orgon aux vers 493-494).

64   *Avec un tel mari*: Tartuffe est un sanguin, selon la théorie des humeurs*, et les sanguins passaient pour particulièrement doués pour l'amour.

Votre sort est fort beau, de quoi vous plaignez-vous?

Vous irez par le coche en sa petite ville,

Qu'en oncles, et cousins, vous trouverez fertile;

Et vous vous plairez fort à les entretenir.

660 D'abord chez le beau monde on vous fera venir.

Vous irez visiter, pour votre bienvenue,

Madame la baillive, et Madame l'élue[65],

Qui d'un siége pliant[66] vous feront honorer.

Là, dans le carnaval, vous pourrez espérer

665 Le bal, et la grand'bande[67], à savoir, deux musettes,

Et, parfois, Fagotin[68], et les marionnettes.

Si pourtant votre époux…

MARIANE

Ah! tu me fais mourir.
De tes conseils, plutôt, songe à me secourir.

DORINE

Je suis votre servante.

MARIANE

Eh, Dorine, de grâce…

DORINE

670 Il faut, pour vous punir, que cette affaire passe.

MARIANE

Ma pauvre fille!

---

[65] Le *bailli* a des attributions judiciaires dans une petite ville; quant à l'*élu*, il est chargé de trancher en première instance les contestations relatives à la répartition de certains impots.

[66] *D'un siège pliant*: et non d'une chaise ou d'un fauteuil; Mariane sera a peine reçue dans cette société provinciale.

[67] *La grand'bande*: on appelait ainsi les vingt-quatre violons de la chambre du Roi.

[68] *Fagotin*: c'était le nom du singe de Brioché, célèbre montreur de marionnettes au milieu du XVIIe siècle.

DORINE

Non.

MARIANE

Si mes vœux déclarés[69]...

DORINE

Point, Tartuffe est votre homme, et vous en tâterez.

MARIANE

Tu sais qu'à toi toujours je me suis confiée.
Fais-moi...

DORINE

Non; vous serez, ma foi, tartuffiée.

MARIANE

675   Hé bien, puisque mon sort ne saurait t'émouvoir,
        Laisse-moi désormais toute à mon désespoir.
        C'est de lui que mon cœur empruntera de l'aide,
        Et je sais, de mes maux, l'infaillible remède.
        (Elle veut s'en aller.)

DORINE

Hé, là, là, revenez; je quitte mon courroux.
680   Il faut, nonobstant tout, avoir pitié de vous.

MARIANE

Vois-tu, si l'on m'expose à ce cruel martyre,
Je te le dis, Dorine, il faudra que j'expire.

---

69   *Si mes vœux déclarés...*: latinisme qui signifie: si le fait de déclarer l'amour que je
porte à Valère pouvait conjurer le sort...

DORINE

Ne vous tourmentez point, on peut adroitement
Empêcher... Mais voici Valère votre amant.

SCÈNE IV

VALÈRE, MARIANE, DORINE.

VALÈRE

685   On vient de débiter, Madame, une nouvelle,
Que je ne savais pas, et qui sans doute[70] est belle.

MARIANE

Quoi?

VALÈRE

Que vous épousez Tartuffe.

MARIANE

Il est certain
Que mon père s'est mis en tête ce dessein.

VALÈRE

Votre père, Madame...

MARIANE

A changé de visée.
690   La chose vient par lui de m'être proposée.

VALÈRE

Quoi, sérieusement?

---

70   *Sans doute* : sans aucun doute.

MARIANE

Oui, sérieusement;
Il s'est, pour cet hymen, déclaré hautement.

VALÈRE

Et quel est le dessein où votre âme s'arrête,
Madame?

MARIANE

Je ne sais.

VALÈRE

La réponse est honnête.
Vous ne savez?

MARIANE

Non.

VALÈRE

Non?

MARIANE

695   Que me conseillez-vous?

VALÈRE

Je vous conseille, moi, de prendre cet époux.

MARIANE

Vous me le conseillez?

VALÈRE

Oui.

MARIANE

Tout de bon?

VALÈRE

Sans doute.
Le choix est glorieux, et vaut bien qu'on l'écoute.

MARIANE

Hé bien, c'est un conseil, Monsieur, que je reçois.

VALÈRE

700   Vous n'aurez pas grand'peine à le suivre, je crois.

MARIANE

Pas plus qu'à le donner en a souffert votre âme.

VALÈRE

Moi, je vous l'ai donné pour vous plaire, Madame.

MARIANE

Et moi, je le suivrai, pour vous faire plaisir.

DORINE

Voyons ce qui pourra de ceci réussir[71].

VALÈRE

705   C'est donc ainsi qu'on aime? Et c'était tromperie,
       Quand vous…

---

71   *Réussir*: arriver.

MARIANE

Ne parlons point de cela, je vous prie.
Vous m'avez dit tout franc, que je dois accepter
Celui que, pour époux, on me veut présenter:
Et je déclare, moi, que je prétends le faire,
710   Puisque vous m'en donnez le conseil salutaire.

VALÈRE

Ne vous excusez point sur mes intentions.
Vous aviez pris déjà vos résolutions;
Et vous vous saisissez d'un prétexte frivole,
Pour vous autoriser à manquer de parole.

MARIANE

Il est vrai, c'est bien dit.

VALÈRE

715   Sans doute, et votre cœur
N'a jamais eu pour moi de véritable ardeur.

MARIANE

Hélas! permis à vous d'avoir cette pensée.

VALÈRE

Oui, oui, permis à moi; mais mon âme offensée
Vous préviendra, peut-être, en un pareil dessein;
720   Et je sais où porter, et mes vœux, et ma main.

MARIANE

Ah! je n'en doute point; et les ardeurs qu'excite
Le mérite…

VALÈRE

Mon Dieu, laissons là le mérite;

J'en ai fort peu, sans doute[72], et vous en faites foi:
Mais j'espère aux bontés qu'une autre aura pour moi;
725 Et j'en sais de qui l'âme, à ma retraite ouverte,
Consentira sans honte à réparer ma perte.

MARIANE

La perte n'est pas grande, et de ce changement
Vous vous consolerez assez facilement.

VALÈRE

J'y ferai mon possible, et vous le pouvez croire.
730 Un cœur qui nous oublie, engage notre gloire[73].
Il faut à l'oublier, mettre aussi tous nos soins.
Si l'on n'en vient à bout, on le doit feindre au moins;
Et cette lâcheté jamais ne se pardonne,
De montrer de l'amour pour qui nous abandonne.

MARIANE

735 Ce sentiment, sans doute[74], est noble, et relevé.

VALÈRE

Fort bien, et d'un chacun il doit être approuvé.
Hé quoi! vous voudriez qu'à jamais, dans mon âme,
Je gardasse pour vous les ardeurs de ma flamme?
Et vous visse, à mes yeux, passer en d'autres bras,
Sans mettre ailleurs un cœur dont vous ne voulez pas?

MARIANE

Au contraire, pour moi, c'est ce que je souhaite;
Et je voudrais déjà que la chose fût faite.

VALÈRE

---

72   *Sans doute* : sans aucun doute.
73   *Engage notre gloire*: met en cause notre fierté.
74   *Sans doute* : sans aucun doute. Assurément.

Vous le voudriez?

MARIANE

Oui.

VALÈRE

C'est assez m'insulter,
Madame, et de ce pas je vais vous contenter.
(Il fait un pas pour s'en aller, et revient toujours.)

MARIANE

Fort bien.

VALÈRE

Souvenez-vous au moins, que c'est vous-même
Qui contraignez mon cœur à cet effort extrême.

MARIANE

Oui.

VALÈRE

Et que le dessein que mon âme conçoit,
N'est rien qu'à votre exemple.

MARIANE

À mon exemple, soit.

VALÈRE

Suffit; vous allez être à point nommé servie.

MARIANE

Tant mieux.

VALÈRE

750   Vous me voyez, c'est pour toute ma vie.

MARIANE

À la bonne heure.

VALÈRE

Euh?
(Il s'en va; et lorsqu'il est vers la porte, il se retourne.)

MARIANE

Quoi?

VALÈRE

Ne m'appelez-vous pas?

MARIANE

Moi! vous rêvez.

VALÈRE

Hé bien, je poursuis donc mes pas.
Adieu, Madame.

MARIANE

Adieu, Monsieur.

DORINE

Pour moi, je pense
Que vous perdez l'esprit, par cette extravagance;
755   Et je vous ai laissé tout du long quereller,
Pour voir où tout cela pourrait enfin aller.
Holà, Seigneur Valère.
(Elle va l'arrêter par le bras et lui fait mine de grande résistance.)

VALÈRE

;

Hé, que veux-tu, Dorine?

DORINE

Venez ici.

VALÈRE

Non, non, le dépit me domine.
Ne me détourne point de ce qu'elle a voulu.

DORINE

Arrêtez.

VALÈRE

760   Non, vois-tu, c'est un point résolu.

DORINE

Ah.

MARIANE

Il souffre à me voir, ma présence le chasse ;
Et je ferai bien mieux, de lui quitter la place.

DORINE. *Elle quitte Valère, et court à Mariane.*

À l'autre. Où courez-vous?

MARIANE

Laisse.

DORINE

Il faut revenir.

MARIANE

    Non, non, Dorine, en vain tu veux me retenir.

VALÈRE

765   Je vois bien que ma vue est pour elle un supplice ;
    Et sans doute, il vaut mieux que je l'en affranchisse.

DORINE. *Elle quitte Mariane, et court à Valère.*

    Encor? Diantre soit fait de vous, si je le veux[75].
    Cessez ce badinage, et venez çà tous deux.
    (Elle les tire l'un et l'autre.)

VALÈRE

    Mais quel est ton dessein?

MARIANE

              Qu'est-ce que tu veux faire?

DORINE

770   Vous bien remettre ensemble, et vous tirer d'affaire.
    Êtes-vous fou, d'avoir un pareil démêlé?

VALÈRE

    N'as-tu pas entendu comme elle m'a parlé?

DORINE

    Êtes-vous folle, vous, de vous être emportée?

MARIANE

---

75   *Diantre soit fait de vous si je le veux!*: le diable vous emporte si je consens à vous laisser partir.

N'as-tu pas vu la chose, et comme il m'a traitée?

DORINE

775 Sottise des deux parts. Elle n'a d'autre soin,
Que de se conserver à vous, j'en suis témoin.
Il n'aime que vous seule, et n'a point d'autre envie
Que d'être votre époux; j'en réponds sur ma vie.

MARIANE

Pourquoi donc me donner un semblable conseil?

VALÈRE

780 Pourquoi m'en demander sur un sujet pareil?

DORINE

Vous êtes fous tous deux. Çà, la main l'un, et l'autre.
Allons, vous.

VALÈRE, *en donnant sa main à Dorine.*

À quoi bon ma main?

DORINE

Ah! çà, la vôtre.

MARIANE, *en donnant aussi sa main.*

De quoi sert tout cela?

DORINE

Mon Dieu, vite, avancez.
Vous vous aimez tous deux plus que vous ne pensez.

VALÈRE

785 Mais ne faites donc point les choses avec peine,

Et regardez un peu les gens sans nulle haine.
(*Mariane tourne l'œil sur Valère, et fait un petit souris.*)

DORINE

À vous dire le vrai, les amants sont bien fous!

VALÈRE

Ho çà, n'ai-je pas lieu de me plaindre de vous?
Et pour n'en point mentir, n'êtes-vous pas méchante,
790   De vous plaire à me dire une chose affligeante?

MARIANE

Mais vous, n'êtes-vous pas l'homme le plus ingrat…

DORINE

Pour une autre saison, laissons tout ce débat,
Et songeons à parer ce fâcheux mariage.

MARIANE

Dis-nous donc quels ressorts il faut mettre en usage.

DORINE

795   Nous en ferons agir de toutes les façons.
Votre père se moque, et ce sont des chansons.
Mais, pour vous, il vaut mieux qu'à son extravagance,
D'un doux consentement vous prêtiez l'apparence,
Afin qu'en cas d'alarme, il vous soit plus aisé
800   De tirer en longueur cet hymen proposé.
En attrapant du temps, à tout on remédie.
Tantôt vous payerez de quelque maladie[76],
Qui viendra tout à coup, et voudra des délais.
Tantôt vous payerez de présages mauvais;
805   Vous aurez fait d'un mort la rencontre fâcheuse,
Cassé quelque miroir, ou songé d'eau bourbeuse.

---

76   *Vous payerez de quelque maladie*: vous prétexterez quelque maladie.

Enfin le bon de tout, c'est qu'à d'autres qu'à lui,
On ne vous peut lier, que vous ne disiez oui[77].

Mais pour mieux réussir, il est bon, ce me semble,
810   Qu'on ne vous trouve point tous deux parlant ensemble.

     (À Valère.)

Sortez, et sans tarder, employez vos amis
Pour vous faire tenir ce qu'on vous a promis.

Nous allons réveiller les efforts de son frère,
Et dans notre parti jeter la belle-mère[78].
Adieu.

VALÈRE, *à Mariane.*

815   Quelques efforts que nous préparions tous,
Ma plus grande espérance, à vrai dire, est en vous.

MARIANE, *à Valère.*

Je ne vous réponds pas des volontés d'un père;
Mais je ne serai point à d'autre qu'à Valère.

VALÈRE

Que vous me comblez d'aise! Et quoi que puisse oser...

DORINE

820   Ah! jamais les amants ne sont las de jaser.
Sortez, vous dis-je.

VALÈRE. *Il fait un pas, et revient.*

        Enfin...

DORINE

       Quel caquet est le vôtre!
Tirez[79] de cette part; et vous, tirez de l'autre.

---

77   *Que vous disiez «oui»:* si vous ne dites pas «oui».
78   V. 813-814: Nous allons réveiller les efforts de son frère (nous dirions aujourd'hui *beau-frère*) Cléante, et jeter Elmire, la belle-mère de Mariane, dans notre parti. Ces deux vers s'adressent à Mariane, comme le souligne l'édition de 1734.

(Les poussant chacun par l'épaule.)

ACTE III, SCÈNE PREMIÈRE

DAMIS, DORINE.

DAMIS

> Que la foudre, sur l'heure, achève mes destins;
> Qu'on me traite partout, du plus grand des faquins,
> 825   S'il est aucun respect, ni pouvoir, qui m'arrête,
> Et si je ne fais pas quelque coup de ma tête.

DORINE

> De grâce, modérez un tel emportement,
> Votre père n'a fait qu'en parler simplement :
> On n'exécute pas tout ce qui se propose;
> 830   Et le chemin est long, du projet à la chose.

DAMIS

> Il faut que de ce fat j'arrête les complots,
> Et qu'à l'oreille, un peu, je lui dise deux mots.

DORINE

> Ha, tout doux; envers lui, comme envers votre père,
> Laissez agir les soins de votre belle-mère.
> 835   Sur l'esprit de Tartuffe, elle a quelque crédit;
> Il se rend complaisant à tout ce qu'elle dit,
> Et pourrait bien avoir douceur de cœur pour elle.
> Plût à Dieu qu'il fût vrai! la chose serait belle.
> Enfin votre intérêt l'oblige à le mander;
> 840   Sur l'hymen qui vous trouble, elle veut le sonder,
> Savoir ses sentiments, et lui faire connaître
> Quels fâcheux démêlés il pourra faire naître;
> S'il faut qu'à ce dessein il prête quelque espoir[80].

---

79   *Tirez*: allez, partez.

80   *S'il faut qu'à ce dessein il prête quelque espoir*: si par malheur il pousse à la réalisation de ce projet d'Orgon.

Son valet dit qu'il prie, et je n'ai pu le voir:
845 Mais ce valet m'a dit qu'il s'en allait descendre.
Sortez donc, je vous prie, et me laissez l'attendre.

DAMIS

Je puis être présent à tout cet entretien.

DORINE

Point, il faut qu'ils soient seuls.

DAMIS

Je ne lui dirai rien.

DORINE

Vous vous moquez; on sait vos transports ordinaires,
850 Et c'est le vrai moyen de gâter les affaires.
Sortez.

DAMIS

Non, je veux voir, sans me mettre en courroux.

DORINE

Que vous êtes fâcheux! Il vient, retirez-vous.

SCÈNE II

TARTUFFE, LAURENT, DORINE.

TARTUFFE, *apercevant Dorine.*

Laurent, serrez ma haire, avec ma discipline,
Et priez que toujours le Ciel vous illumine.
855 Si l'on vient pour me voir, je vais aux prisonniers,
Des aumônes que j'ai, partager les deniers.

DORINE

Que d'affectation, et de forfanterie!

TARTUFFE

Que voulez-vous?

DORINE

Vous dire…

TARTUFFE. *Il tire un mouchoir de sa poche.*

Ah! mon Dieu, je vous prie,
Avant que de parler, prenez-moi ce mouchoir.

DORINE

Comment?

TARTUFFE

860   Couvrez ce sein, que je ne saurais voir.
Par de pareils objets les âmes sont blessées,
Et cela fait venir de coupables pensées.

DORINE

Vous êtes donc bien tendre à la tentation;
Et la chair, sur vos sens, fait grande impression?
865 Certes, je ne sais pas quelle chaleur vous monte:
Mais à convoiter, moi, je ne suis pas si prompte[81];
Et je vous verrais nu du haut jusques en bas,
Que toute votre peau ne me tenterait pas.

TARTUFFE

Mettez dans vos discours un peu de modestie,
870 Ou je vais, sur-le-champ, vous quitter la partie.

---

[81]   VAR. Mais à convoiter, moi, je ne suis pas si prompte. (1682).

DORINE

Non, non, c'est moi qui vais vous laisser en repos,
Et je n'ai seulement qu'à vous dire deux mots.
Madame va venir dans cette salle basse,
Et d'un mot d'entretien vous demande la grâce.

TARTUFFE

Hélas[82]! très volontiers.

DORINE, *en soi-même.*

875   Comme il se radoucit!
Ma foi, je suis toujours pour ce que j'en ai dit.

TARTUFFE

Viendra-t-elle bientôt?

DORINE

             Je l'entends, ce me semble.
Oui, c'est elle en personne, et je vous laisse ensemble.

SCÈNE III

ELMIRE, TARTUFFE.

TARTUFFE

Que le Ciel à jamais, par sa toute bonté,
880   Et de l'âme, et du corps, vous donne la santé;
Et bénisse vos jours autant que le désire
Le plus humble de ceux que son amour inspire.

ELMIRE

---

82   *Hélas:* cette interjection ne marque pas ici le regret ou la douleur, mais l'attendrissement. (Cf. *Les Femmes savantes*, IV, 5, v. 1447: «Hélas! dans cette humeur conservez-le toujours!»).

Je suis fort obligée à ce souhait pieux:
Mais prenons une chaise, afin d'être un peu mieux.

TARTUFFE

885 Comment, de votre mal, vous sentez-vous remise?

ELMIRE

Fort bien; et cette fièvre a bientôt quitté prise.

TARTUFFE

Mes prières n'ont pas le mérite qu'il faut
Pour avoir attiré cette grâce d'en haut:
Mais je n'ai fait au Ciel nulle dévote instance
890 Qui n'ait eu pour objet votre convalescence.

ELMIRE

Votre zèle pour moi s'est trop inquiété.

TARTUFFE

On ne peut trop chérir votre chère santé ;
Et pour la rétablir, j'aurais donné la mienne.

ELMIRE

C'est pousser bien avant la charité chrétienne;
895 Et je vous dois beaucoup, pour toutes ces bontés.

TARTUFFE

Je fais bien moins pour vous, que vous ne méritez.

ELMIRE

J'ai voulu vous parler en secret, d'une affaire,

Et suis bien aise, ici qu'aucun ne nous éclaire[83].

TARTUFFE

J'en suis ravi de même ; et sans doute[84] il m'est doux,
900 Madame, de me voir, seul à seul, avec vous.
C'est une occasion qu'au Ciel j'ai demandée,
Sans que, jusqu'à cette heure, il me l'ait accordée.

ELMIRE

Pour moi, ce que je veux, c'est un mot d'entretien,
Où tout votre cœur s'ouvre, et ne me cache rien.

TARTUFFE

905 Et je ne veux aussi, pour grâce singulière,
Que montrer à vos yeux mon âme tout entière;
Et vous faire serment, que les bruits que j'ai faits[85],
Des visites qu'ici reçoivent vos attraits,
Ne sont pas, envers vous, l'effet d'aucune haine,
910 Mais plutôt d'un transport de zèle qui m'entraîne,
Et d'un pur mouvement…

ELMIRE

Je le prends bien aussi,
Et crois que mon salut vous donne ce souci.

TARTUFFE. *Il lui serre les bouts des doigts.*

Oui, Madame, sans doute; et ma ferveur est telle…

ELMIRE

Ouf, vous me serrez trop.

TARTUFFE

---

[83] *Ne nous éclaire*: ne nous épie, ne nous observe.
[84] *Sans doute* : sans aucun doute, assurément.
[85] VAR. Et vous faire serment, que les bruits que je fais. (1682).

C'est par excès de zèle.

915 De vous faire autre mal, je n'eus jamais dessein[86],
Et j'aurais bien plutôt…

(Il lui met la main sur le genou.)

ELMIRE

Que fait là votre main?

TARTUFFE

Je tâte votre habit, l'étoffe en est moelleuse.

ELMIRE

Ah! de grâce, laissez, je suis fort chatouilleuse.

(Elle recule sa chaise, et Tartuffe rapproche la sienne.)

TARTUFFE

Mon Dieu, que de ce point l'ouvrage est merveilleux!
920 On travaille aujourd'hui, d'un air miraculeux;
Jamais, en toute chose, on n'a vu si bien faire.

ELMIRE

Il est vrai. Mais parlons un peu de notre affaire.
On tient que mon mari veut dégager sa foi,
Et vous donner sa fille; est-il vrai, dites-moi?

TARTUFFE

925 Il m'en a dit deux mots: mais, Madame, à vrai dire,
Ce n'est pas le bonheur après quoi je soupire;
Et je vois autre part les merveilleux attraits
De la félicité qui fait tous mes souhaits.

ELMIRE

---

86 VAR. De vous faire aucun mal je n'eus jamais dessein. (1682).

C'est que vous n'aimez rien des choses de la terre.

TARTUFFE

930   Mon sein n'enferme pas un cœur qui soit de pierre.

ELMIRE

Pour moi, je crois qu'au Ciel tendent tous vos soupirs,
Et que rien, ici-bas, n'arrête vos désirs.

TARTUFFE

L'amour qui nous attache aux beautés éternelles,
N'étouffe pas en nous l'amour des temporelles.
935   Nos sens facilement peuvent être charmés
Des ouvrages parfaits que le Ciel a formés.
Ses attraits réfléchis[87] brillent dans vos pareilles:
Mais il étale en vous ses plus rares merveilles.
Il a sur votre face épanché des beautés,
940   Dont les yeux sont surpris, et les cœurs transportés ;
Et je n'ai pu vous voir, parfaite créature,
Sans admirer en vous l'auteur de la nature,
Et d'une ardente amour[88] sentir mon cœur atteint,
Au plus beau des portraits[89] où lui-même il s'est peint.
945   D'abord j'appréhendai que cette ardeur secrète
Ne fût du noir esprit[90] une surprise adroite[91];
Et même à fuir vos yeux, mon cœur se résolut,
Vous croyant un obstacle à faire mon salut.
Mais enfin je connus, ô beauté toute aimable,
950   Que cette passion peut n'être point coupable;
Que je puis l'ajuster avecque la pudeur,
Et c'est ce qui m'y fait abandonner mon cœur.
Ce m'est, je le confesse, une audace bien grande,
Que d'oser, de ce cœur, vous adresser l'offrande;
955   Mais j'attends, en mes vœux, tout de votre bonté,

---

87   *Ses attraits réfléchis*: un reflet de ses attraits, de ses splendeurs.
88   *Amour* est souvent encore féminin au XVIIe siècle.
89   *Au plus beau des portraits*: devant le plus beau des portraits.
90   *Le noir esprit*: le diable.
91   *Adroite* se prononçait *adrète* (Vaugelas nous indique, dans ses *Remarques*, que *droit* se prononçait *dret*).

Et rien des vains efforts de mon infirmité.

En vous est mon espoir, mon bien, ma quiétude:

De vous dépend ma peine, ou ma béatitude;

Et je vais être enfin, par votre seul arrêt,

960   Heureux, si vous voulez; malheureux, s'il vous plaît.

ELMIRE

La déclaration est tout à fait galante:

Mais elle est, à vrai dire, un peu bien surprenante.

Vous deviez[92], ce me semble, armer mieux votre sein,

Et raisonner un peu sur un pareil dessein.

965   Un dévot comme vous, et que partout on nomme…

TARTUFFE

Ah! pour être dévot, je n'en suis pas moins homme[93];

Et lorsqu'on vient à voir vos célestes appas,

Un cœur se laisse prendre, et ne raisonne pas.

Je sais qu'un tel discours de moi paraît étrange;

970   Mais, Madame, après tout, je ne suis pas un ange;

Et si vous condamnez l'aveu que je vous fais,

Vous devez vous en prendre à vos charmants attraits.

Dès que j'en vis briller la splendeur plus qu'humaine,

De mon intérieur[94] vous fûtes souveraine.

975   De vos regards divins, l'ineffable douceur,

Força la résistance où s'obstinait mon cœur;

Elle surmonta tout, jeûnes, prières, larmes,

Et tourna tous mes vœux du côté de vos charmes.

Mes yeux, et mes soupirs, vous l'ont dit mille fois ;

980   Et pour mieux m'expliquer, j'emploie ici la voix.

Que si vous contemplez, d'une âme un peu bénigne,

Les tribulations de votre esclave indigne;

S'il faut que vos bontés veuillent me consoler,

Et jusqu'à mon néant daignent se ravaler,

985   J'aurai toujours pour vous, ô suave merveille,

Une dévotion à nulle autre pareille.

---

92   *Vous deviez*: vous auriez dû.

93   Parodie du fameux vers de Corneille: «Ah! pour être Romain, je n'en suis pas moins homme!» (*Sertorius*, IV, 1, v. 1194).

94   *De mon intérieur*: l'*intérieur* est, dans la langue de la spiritualité, «la partie intime de l'âme» (Littré).

Votre honneur, avec moi, ne court point de hasard;

Et n'a nulle disgrâce à craindre de ma part.

Tous ces galants de cour, dont les femmes sont folles,

990   Sont bruyants dans leurs faits, et vains dans leurs paroles.

De leurs progrès sans cesse on les voit se targuer;

Ils n'ont point de faveurs, qu'ils n'aillent divulguer;

Et leur langue indiscrète, en qui l'on se confie,

Déshonore l'autel où leur cœur sacrifie:

995   Mais les gens comme nous, brûlent d'un feu discret,

Avec qui pour toujours on est sûr du secret.

Le soin que nous prenons de notre renommée,

Répond de toute chose à la personne aimée;

Et c'est en nous qu'on trouve, acceptant notre cœur,

1000   De l'amour sans scandale, et du plaisir sans peur[95].

ELMIRE

Je vous écoute dire, et votre rhétorique,

En termes assez forts, à mon âme s'explique.

N'appréhendez-vous point, que je ne sois d'humeur

À dire à mon mari cette galante ardeur?

1005   Et que le prompt avis d'un amour de la sorte,

Ne pût bien altérer l'amitié qu'il vous porte?

TARTUFFE

Je sais que vous avez trop de bénignité,

Et que vous ferez grâce à ma témérité;

Que vous m'excuserez sur l'humaine faiblesse

1010   Des violents transports d'un amour qui vous blesse;

Et considérerez, en regardant votre air,

Que l'on n'est pas aveugle, et qu'un homme est de chair.

ELMIRE

D'autres prendraient cela d'autre façon, peut-être;

Mais ma discrétion se veut faire paraître.

1015   Je ne redirai point l'affaire à mon époux;

Mais je veux en revanche une chose de vous.

---

95   Cf. Mathurin Régnier, *Satire XIII*, v. 121-124, où il est dit des moines: «Outre le saint vœu qui sert de couverture,/ Ils sont trop obligés au secret de nature/ Et savent, plus discrets, apporter en aimant/ Avecque moins d'éclat, plus de contentement.»

C'est de presser tout franc, et sans nulle chicane,
L'union de Valère avecque Mariane;
De renoncer vous-même à l'injuste pouvoir
1020   Qui veut du bien d'un autre enrichir votre espoir ;
Et...

SCÈNE IV

DAMIS, ELMIRE, TARTUFFE.

DAMIS, *sortant du petit cabinet, où il s'était retiré.*

Non, Madame, non, ceci doit se répandre.
J'étais en cet endroit, d'où j'ai pu tout entendre;
Et la bonté du Ciel m'y semble avoir conduit,
Pour confondre l'orgueil d'un traître qui me nuit;
1025   Pour m'ouvrir une voie à prendre la vengeance
De son hypocrisie, et de son insolence;
À détromper mon père, et lui mettre en plein jour,
L'âme d'un scélérat qui vous parle d'amour.

ELMIRE

Non, Damis, il suffit qu'il se rende plus sage,
1030   Et tâche à mériter la grâce où je m'engage.
Puisque je l'ai promis, ne m'en dédites pas.
Ce n'est point mon humeur de faire des éclats;
Une femme se rit de sottises pareilles,
Et jamais d'un mari n'en trouble les oreilles.

DAMIS

1035   Vous avez vos raisons pour en user ainsi ;
Et pour faire autrement, j'ai les miennes aussi.
Le vouloir épargner, est une raillerie[96],
Et l'insolent orgueil de sa cagoterie,
N'a triomphé que trop de mon juste courroux,
1040   Et que trop excité de désordre chez nous.
Le fourbe, trop longtemps, a gouverné mon père,

---

96   *Raillerie:* chose déraisonnable.

Et desservi mes feux avec ceux de Valère.

Il faut que du perfide il soit désabusé,

Et le Ciel, pour cela, m'offre un moyen aisé.

1045   De cette occasion, je lui suis redevable;

Et pour la négliger, elle est trop favorable.

Ce serait mériter qu'il me la vînt ravir,

Que de l'avoir en main, et ne m'en pas servir.

ELMIRE

Damis…

DAMIS

Non, s'il vous plaît, il faut que je me croie[97].

1050   Mon âme est maintenant au comble de sa joie;

Et vos discours en vain prétendent m'obliger

À quitter le plaisir de me pouvoir venger.

Sans aller plus avant, je vais vider d'affaire[98];

Et voici justement de quoi me satisfaire.

SCÈNE V

ORGON, DAMIS, TARTUFFE, ELMIRE.

DAMIS

1055   Nous allons régaler, mon père, votre abord,

D'un incident tout frais, qui vous surprendra fort.

Vous êtes bien payé de toutes vos caresses ;

Et Monsieur, d'un beau prix, reconnaît vos tendresses.

Son grand zèle, pour vous, vient de se déclarer.

1060   Il ne va pas à moins qu'à vous déshonorer;

Et je l'ai surpris, là, qui faisait à Madame

L'injurieux aveu d'une coupable flamme.

Elle est d'une humeur douce, et son cœur trop discret

Voulait, à toute force, en garder le secret:

---

97   *Il faut que je me croie*: il faut que je suive mon sentiment, que je fasse ce que j'ai envie de faire (Cf. *Le Dépit amoureux*, v. 927).

98   *Vider d'affaire* (ou *d'affaires*): «On dit vider d'affaires pour dire travailler à en sortir promptement, à les terminer» (Dictionnaire de l'Académie, 1694).

1065   Mais je ne puis flatter une telle impudence,
       Et crois que vous la taire, est vous faire une offense.

ELMIRE

       Oui, je tiens que jamais, de tous ces vains propos,
       On ne doit d'un mari traverser le repos;
       Que ce n'est point de là que l'honneur peut dépendre,
1070   Et qu'il suffit, pour nous, de savoir nous défendre.
       Ce sont mes sentiments; et vous n'auriez rien dit,
       Damis, si j'avais eu sur vous quelque crédit.

SCÈNE VI

ORGON, DAMIS, TARTUFFE.

ORGON

       Ce que je viens d'entendre, ô Ciel! est-il croyable?

TARTUFFE

       Oui, mon frère, je suis un méchant, un coupable,
1075   Un malheureux pécheur, tout plein d'iniquité,
       Le plus grand scélérat qui jamais ait été.
       Chaque instant de ma vie est chargé de souillures,
       Elle n'est qu'un amas de crimes, et d'ordures;
       Et je vois que le Ciel, pour ma punition,
1080   Me veut mortifier en cette occasion.
       De quelque grand forfait qu'on me puisse reprendre,
       Je n'ai garde d'avoir l'orgueil de m'en défendre.
       Croyez ce qu'on vous dit, armez votre courroux,
       Et comme un criminel, chassez-moi de chez vous.
1085   Je ne saurais avoir tant de honte en partage,
       Que je n'en aie encor mérité davantage.

ORGON, *à son fils.*

       Ah! traître, oses-tu bien, par cette fausseté,
       Vouloir de sa vertu ternir la pureté?

DAMIS

Quoi! la feinte douceur de cette âme hypocrite
Vous fera démentir…

ORGON

1090   Tais-toi, peste maudite.

TARTUFFE

Ah! laissez-le parler, vous l'accusez à tort,
Et vous ferez bien mieux de croire à son rapport.
Pourquoi, sur un tel fait, m'être si favorable?
Savez-vous, après tout, de quoi je suis capable?
1095   Vous fiez-vous, mon frère, à mon extérieur?
Et pour tout ce qu'on voit, me croyez-vous meilleur?
Non, non, vous vous laissez tromper à l'apparence,
Et je ne suis rien moins, hélas! que ce qu'on pense.
Tout le monde me prend pour un homme de bien;
1100   Mais la vérité pure, est, que je ne vaux rien.
(S'adressant à Damis.)
Oui, mon cher fils, parlez, traitez-moi de perfide,
D'infâme, de perdu, de voleur, d'homicide.
Accablez-moi de noms encor plus détestés.
Je n'y contredis point, je les ai mérités,
1105   Et j'en veux à genoux souffrir l'ignominie,
Comme une honte due aux crimes de ma vie.

ORGON, *à Tartuffe.*

Mon frère, c'en est trop.
(À son fils.)
                    Ton cœur ne se rend point,
Traître.

DAMIS

Quoi! ses discours vous séduiront au point…

ORGON

Tais-toi, pendard. *(À Tartuffe.)* Mon frère, eh! levez-vous, de grâce.
(À son fils.)
Infâme.

DAMIS

Il peut…

ORGON

Tais-toi.

DAMIS

1110   J'enrage! Quoi, je passe…

ORGON

Si tu dis un seul mot, je te romprai les bras.

TARTUFFE

Mon frère, au nom de Dieu, ne vous emportez pas.
J'aimerais mieux souffrir la peine la plus dure,
Qu'il eût reçu pour moi la moindre égratignure.

ORGON, *à son fils.*

Ingrat.

TARTUFFE

1115   Laissez-le en paix[99]. S'il faut à deux genoux
Vous demander sa grâce…

ORGON, *à Tartuffe.*

Hélas! vous moquez-vous?
(À son fils.)
Coquin, vois sa bonté.

---

99   *Laissez-le en paix*: le *e* muet du pronom *le* s'élide devant la voyelle du mot suivant.

DAMIS

Donc...

ORGON

Paix.

DAMIS

Quoi, je...

ORGON

Paix, dis-je.
Je sais bien quel motif, à l'attaquer, t'oblige.
Vous le haïssez tous, et je vois aujourd'hui,
1120   Femme, enfants, et valets, déchaînés contre lui.
On met impudemment toute chose en usage,
Pour ôter de chez moi ce dévot personnage:
Mais plus on fait d'effort afin de l'en bannir,
Plus j'en veux employer à l'y mieux retenir;
1125   Et je vais me hâter de lui donner ma fille,
Pour confondre l'orgueil de toute ma famille.

DAMIS

À recevoir sa main, on pense l'obliger?

ORGON

Oui, traître ; et dès ce soir, pour vous faire enrager.
Ah! je vous brave tous, et vous ferai connaître,
1130   Qu'il faut qu'on m'obéisse, et que je suis le maître.
Allons, qu'on se rétracte, et qu'à l'instant, fripon,
On se jette à ses pieds, pour demander pardon.

DAMIS

Qui, moi? de ce coquin, qui par ses impostures...

ORGON

Ah! tu résistes, gueux, et lui dis des injures?
1135Un bâton, un bâton. *(A Tartuffe.)* Ne me retenez pas.

(À son fils.)

Sus, que de ma maison on sorte de ce pas,
Et que d'y revenir, on n'ait jamais l'audace.

DAMIS

Oui, je sortirai, mais…

ORGON

Vite, quittons la place.
Je te prive, pendard, de ma succession,
1140   Et te donne, de plus, ma malédiction.

SCÈNE VII

ORGON, TARTUFFE.

ORGON

Offenser de la sorte une sainte personne!

TARTUFFE

Ô Ciel! pardonne-lui la douleur qu'il me donne[100].

(À Orgon.)

Si vous pouviez savoir avec quel déplaisir
Je vois qu'envers mon frère, on tâche à me noircir…

ORGON

Hélas!

TARTUFFE

---

100   D'après un petit livre publié en 1730 (*Lettre à Mylord *** sur Baron et la Demoiselle Le Couvreur…* par George Wink) et les éditeurs de 1734, Tartuffe disait primitivement: «O Ciel, pardonne-lui comme je lui pardonne!», ou, comme l'indique Voltaire dans son *Sommaire de Tartuffe*: «O Ciel, pardonne-moi comme je lui pardonne!»

1145   Le seul penser de cette ingratitude
Fait souffrir à mon âme un supplice si rude…
L'horreur que j'en conçois… J'ai le cœur si serré,
Que je ne puis parler, et crois que j'en mourrai.

ORGON. *Il court tout en larmes à la porte par où il a chassé son fils.*

Coquin. Je me repens que ma main t'ait fait grâce,
1150   Et ne t'ait pas d'abord assommé sur la place.
Remettez-vous, mon frère, et ne vous fâchez pas.

TARTUFFE

Rompons, rompons le cours de ces fâcheux débats.
Je regarde céans quels grands troubles j'apporte,
Et crois qu'il est besoin, mon frère, que j'en sorte.

ORGON

Comment? Vous moquez-vous?

TARTUFFE

1155   On m'y hait, et je voi
Qu'on cherche à vous donner des soupçons de ma foi[101].

ORGON

Qu'importe; voyez-vous que mon cœur les écoute?

TARTUFFE

On ne manquera pas de poursuivre, sans doute[102];
Et ces mêmes rapports, qu'ici vous rejetez,
1160   Peut-être, une autre fois, seront-ils écoutés.

ORGON

---

101   *De ma foi*: de ma fidélité à votre égard.
102   *Sans doute* : sans aucun doute, assurément.

Non, mon frère, jamais.

TARTUFFE

Ah! mon frère, une femme
Aisément, d'un mari, peut bien surprendre l'âme.

ORGON

Non, non.

TARTUFFE

Laissez-moi vite, en m'éloignant d'ici,
Leur ôter tout sujet de m'attaquer ainsi.

ORGON

1165   Non, vous demeurerez, il y va de ma vie.

TARTUFFE

Hé bien, il faudra donc que je me mortifie.
Pourtant, si vous vouliez…

ORGON

Ah!

TARTUFFE

Soit, n'en parlons plus.
Mais je sais comme il faut en user là-dessus.
L'honneur est délicat, et l'amitié m'engage
1170   À prévenir les bruits, et les sujets d'ombrage.
Je fuirai votre épouse, et vous ne me verrez…

ORGON

Non, en dépit de tous, vous la fréquenterez.
Faire enrager le monde, est ma plus grande joie,
Et je veux qu'à toute heure avec elle on vous voie.

1175   Ce n'est pas tout encor; pour les mieux braver tous,
        Je ne veux point avoir d'autre héritier que vous ;
        Et je vais de ce pas, en fort bonne manière,
        Vous faire de mon bien, donation entière.
        Un bon et franc ami, que pour gendre je prends,
1180   M'est bien plus cher que fils, que femme, et que parents.
        N'accepterez-vous pas ce que je vous propose?

TARTUFFE

        La volonté du Ciel soit faite en toute chose.

ORGON

        Le pauvre homme! Allons vite en dresser un écrit,
        Et que puisse l'envie en crever de dépit.

ACTE IV, SCÈNE PREMIÈRE

CLÉANTE, TARTUFFE.

CLÉANTE

1185   Oui, tout le monde en parle, et vous m'en pouvez croire.
        L'éclat que fait ce bruit, n'est point à votre gloire;
        Et je vous ai trouvé, Monsieur, fort à propos,
        Pour vous en dire net ma pensée en deux mots.
        Je n'examine point à fond ce qu'on expose,
1190   Je passe là-dessus, et prends au pis la chose.
        Supposons que Damis n'en ait pas bien usé,
        Et que ce soit à tort qu'on vous ait accusé:
        N'est-il pas d'un chrétien, de pardonner l'offense,
        Et d'éteindre en son cœur tout désir de vengeance?
1195   Et devez-vous souffrir, pour votre démêlé,
        Que du logis d'un père, un fils soit exilé?
        Je vous le dis encore, et parle avec franchise;
        Il n'est petit, ni grand, qui ne s'en scandalise;
        Et si vous m'en croyez, vous pacifierez tout,
1200   Et ne pousserez point les affaires à bout.
        Sacrifiez à Dieu toute votre colère,
        Et remettez le fils en grâce avec le père.

TARTUFFE

Hélas! je le voudrais, quant à moi, de bon cœur;
Je ne garde pour lui, Monsieur, aucune aigreur,
1205 Je lui pardonne tout, de rien je ne le blâme,
Et voudrais le servir du meilleur de mon âme:
Mais l'intérêt du Ciel n'y saurait consentir ;
Et s'il rentre céans, c'est à moi d'en sortir.
Après son action qui n'eut jamais d'égale,
1210 Le commerce, entre nous, porterait du scandale:
Dieu sait ce que d'abord tout le monde en croirait;
À pure politique, on me l'imputerait;
Et l'on dirait partout, que me sentant coupable,
Je feins, pour qui m'accuse, un zèle charitable;
1215 Que mon cœur l'appréhende, et veut le ménager,
Pour le pouvoir, sous main, au silence engager.

CLÉANTE

Vous nous payez ici d'excuses colorées[103],
Et toutes vos raisons, Monsieur, sont trop tirées[104]
Des intérêts du Ciel. Pourquoi vous chargez-vous?
1220 Pour punir le coupable, a-t-il besoin de nous?
Laissez-lui, laissez-lui le soin de ses vengeances,
Ne songez qu'au pardon qu'il prescrit des offenses;
Et ne regardez point aux jugements humains,
Quand vous suivez du Ciel les ordres souverains.
1225 Quoi! le faible intérêt de ce qu'on pourra croire,
D'une bonne action, empêchera la gloire?
Non, non, faisons toujours ce que le Ciel prescrit,
Et d'aucun autre soin ne nous brouillons l'esprit.

TARTUFFE

Je vous ai déjà dit que mon cœur lui pardonne,
1230 Et c'est faire, Monsieur, ce que le Ciel ordonne:
Mais après le scandale, et l'affront d'aujourd'hui,
Le Ciel n'ordonne pas que je vive avec lui.

---

103 *Colorées*: propres à tromper.
104 *Tirées*: forcées, artificieuses.

CLÉANTE

Et vous ordonne-t-il, Monsieur, d'ouvrir l'oreille
À ce qu'un pur caprice à son père conseille?
1235 Et d'accepter le don qui vous est fait d'un bien
Où le droit vous oblige à ne prétendre rien.

TARTUFFE

Ceux qui me connaîtront, n'auront pas la pensée
Que ce soit un effet d'une âme intéressée.
Tous les biens de ce monde ont pour moi peu d'appas,
1240 De leur éclat trompeur je ne m'éblouis pas;
Et si je me résous à recevoir du père
Cette donation qu'il a voulu me faire,
Ce n'est à dire vrai, que parce que je crains
Que tout ce bien ne tombe en de méchantes mains;
1245 Qu'il ne trouve des gens, qui l'ayant en partage,
En fassent, dans le monde, un criminel usage;
Et ne s'en servent pas, ainsi que j'ai dessein,
Pour la gloire du Ciel, et le bien du prochain.

CLÉANTE

Hé, Monsieur, n'ayez point ces délicates craintes,
1250 Qui d'un juste héritier peuvent causer les plaintes.
Souffrez, sans vous vouloir embarrasser de rien,
Qu'il soit, à ses périls, possesseur de son bien;
Et songez qu'il vaut mieux encor qu'il en mésuse,
Que si de l'en frustrer, il faut qu'on vous accuse.
1255 J'admire seulement que, sans confusion,
Vous en ayez souffert la proposition:
Car enfin, le vrai zèle a-t-il quelque maxime
Qui montre à[105] dépouiller l'héritier légitime?
Et s'il faut que le Ciel dans votre cœur ait mis
1260 Un invincible obstacle à vivre avec Damis,
Ne vaudrait-il pas mieux, qu'en personne discrète,
Vous fissiez de céans une honnête retraite,
Que de souffrir ainsi, contre toute raison,

---

105   *Qui montre à*: qui enseigne à…

Qu'on en chasse, pour vous, le fils de la maison ?
1265   Croyez-moi, c'est donner de votre prud'homie,
Monsieur…

TARTUFFE

      Il est, Monsieur, trois heures et demie;
Certain devoir pieux me demande là-haut,
Et vous m'excuserez, de vous quitter sitôt.

CLÉANTE

Ah!

SCÈNE II

ELMIRE, MARIANE, DORINE, CLÉANTE.

DORINE

      De grâce, avec nous, employez-vous pour elle,
1270   Monsieur, son âme souffre une douleur mortelle;
Et l'accord que son père a conclu pour ce soir[106],
La fait, à tous moments, entrer en désespoir.
Il va venir ; joignons nos efforts, je vous prie,
Et tâchons d'ébranler de force, ou d'industrie,
1275   Ce malheureux dessein qui nous a tous troublés.

SCÈNE III

ORGON, ELMIRE, MARIANE, CLÉANTE, DORINE.

ORGON

Ha, je me réjouis de vous voir assemblés.
(À Mariane.)

---

106   *Et l'accord que son père a conclu pour ce soir: accord* est ici synonyme, non de contrat de mariage, car le contrat est déjà tout rédigé et Orgon le rapporte de chez son notaire, mais de mariage même.

Je porte, en ce contrat, de quoi vous faire rire,
Et vous savez déjà ce que cela veut dire.

MARIANE, *à genoux.*

Mon père, au nom du Ciel, qui connaît ma douleur,
1280   Et par tout ce qui peut émouvoir votre cœur,
Relâchez-vous un peu des droits de la naissance[107],
Et dispensez mes vœux de cette obéissance[108].
Ne me réduisez point, par cette dure loi,
Jusqu'à me plaindre au Ciel de ce que je vous doi:
1285   Et cette vie, hélas! que vous m'avez donnée,
Ne me la rendez pas, mon père, infortunée.
Si contre un doux espoir que j'avais pu former,
Vous me défendez d'être à ce que j'ose aimer;
Au moins, par vos bontés, qu'à vos genoux j'implore,
1290   Sauvez-moi du tourment d'être à ce que j'abhorre;
Et ne me portez point à quelque désespoir,
En vous servant, sur moi, de tout votre pouvoir.

ORGON, *se sentant attendrir.*

Allons, ferme, mon cœur, point de faiblesse humaine.

MARIANE

Vos tendresses pour lui, ne me font point de peine;
1295   Faites-les éclater, donnez-lui votre bien ;
Et si ce n'est assez, joignez-y tout le mien[109],
J'y consens de bon cœur, et je vous l'abandonne.
Mais au moins n'allez pas jusques à ma personne,
Et souffrez qu'un couvent, dans les austérités,
1300   Use les tristes jours que le Ciel m'a comptés.

ORGON

Ah! voilà justement de mes religieuses,

---

107   *Des droits de la naissance*: des droits que ma naissance vous a donnés sur moi.
108   *Dispensez mes vœux de cette obéissance*: dispensez-moi de cet acte d'obéissance malgré les vœux que j'ai faits de vous obéir.
109   *Tout le mien:* tout le bien dont Mariane a hérité de sa mère, la première femme d'Orgon.

Lorsqu'un père combat leurs flammes amoureuses.
Debout. Plus votre cœur répugne à l'accepter,
Plus ce sera pour vous, matière à mériter.
1305 Mortifiez vos sens avec ce mariage,
Et ne me rompez pas la tête davantage.

DORINE

Mais quoi…

ORGON

Taisez-vous, vous. Parlez à votre écot[110],
Je vous défends, tout net, d'oser dire un seul mot.

CLÉANTE

Si par quelque conseil, vous souffrez qu'on réponde…

ORGON

1310 Mon frère, vos conseils sont les meilleurs du monde,
Ils sont bien raisonnés, et j'en fais un grand cas;
Mais vous trouverez bon que je n'en use pas.

ELMIRE, *à son mari.*

À voir ce que je vois, je ne sais plus que dire,
Et votre aveuglement fait que je vous admire[111].
1315 C'est être bien coiffé[112], bien prévenu de lui,
Que de nous démentir sur le fait d'aujourd'hui.

ORGON

Je suis votre valet, et crois les apparences.
Pour mon fripon de fils, je sais vos complaisances,
Et vous avez eu peur de le désavouer
1320 Du trait qu'à ce pauvre homme il a voulu jouer.

---

110 *Parlez à votre écot*: «Se dit à une personne se mêlant de parler à des gens qui ne lui adressent pas la parole» (Littré).
111 *Je vous admire*: je vous regarde avec étonnement.
112 *Etre coiffé* de quelqu'un, c'est être entiché de quelqu'un, ne jurer que par lui.

Vous étiez trop tranquille enfin, pour être crue,
Et vous auriez paru d'autre manière émue.

ELMIRE

Est-ce qu'au simple aveu d'un amoureux transport,
Il faut que notre honneur se gendarme si fort?
1325   Et ne peut-on répondre à tout ce qui le touche,
Que le feu dans les yeux, et l'injure à la bouche?
Pour moi, de tels propos, je me ris simplement,
Et l'éclat, là-dessus, ne me plaît nullement.
J'aime qu'avec douceur nous nous montrions sages,
1330   Et ne suis point, du tout, pour ces prudes sauvages,
Dont l'honneur est armé de griffes, et de dents,
Et veut, au moindre mot, dévisager[113] les gens.
Me préserve le Ciel d'une telle sagesse!
Je veux une vertu qui ne soit point diablesse,
1335   Et crois que d'un refus, la discrète froideur,
N'en est pas moins puissante à rebuter un cœur.

ORGON

Enfin je sais l'affaire, et ne prends point le change.

ELMIRE

J'admire, encore un coup, cette faiblesse étrange.
Mais que me répondrait votre incrédulité,
1340   Si je vous faisais voir qu'on vous dit vérité?

ORGON

Voir?

ELMIRE

Oui.

ORGON

---

113   *Dévisager:* déchirer le visage.

Chansons.

ELMIRE

> Mais quoi! si je trouvais manière
> De vous le faire voir avec pleine lumière?

ORGON

> Contes en l'air.

ELMIRE

> Quel homme! Au moins répondez-moi.
> Je ne vous parle pas de nous ajouter foi:
> 1345 Mais supposons ici, que d'un lieu qu'on peut prendre,
> On vous fît clairement tout voir, et tout entendre,
> Que diriez-vous alors de votre homme de bien?

ORGON

> En ce cas, je dirais que… Je ne dirais rien,
> Car cela ne se peut.

ELMIRE

> L'erreur trop longtemps dure,
> 1350 Et c'est trop condamner ma bouche d'imposture.
> Il faut que par plaisir, et sans aller plus loin[114],
> De tout ce qu'on vous dit, je vous fasse témoin.

ORGON

> Soit je vous prends au mot. Nous verrons votre adresse
> Et comment vous pourrez remplir cette promesse.

ELMIRE

> Faites-le-moi venir.

---

114 *Sans aller plus loin*: sans plus tarder.

DORINE

1355   Son esprit est rusé,
          Et peut-être, à surprendre, il sera malaisé.

ELMIRE

          Non, on est aisément dupé par ce qu'on aime,
          Et l'amour-propre, engage à se tromper soi-même.
          Faites-le-moi descendre ; et vous, retirez-vous.
          (Parlant à Cléante, et à Mariane.)

SCÈNE IV

ELMIRE, ORGON.

ELMIRE

1360   Approchons cette table, et vous mettez dessous.

ORGON

          Comment?

ELMIRE

                    Vous bien cacher, est un point nécessaire.

ORGON

          Pourquoi sous cette table?

ELMIRE

                              Ah! mon Dieu, laissez faire,
          J'ai mon dessein en tête, et vous en jugerez.
          Mettez-vous là, vous dis-je; et quand vous y serez,
1365   Gardez qu'on ne vous voie, et qu'on ne vous entende.

ORGON

Je confesse qu'ici ma complaisance est grande;
Mais de votre entreprise, il vous faut voir sortir.

ELMIRE

Vous n'aurez, que je crois, rien à me repartir.
(À son mari qui est sous la table.)
Au moins, je vais toucher une étrange matière,
1370   Ne vous scandalisez en aucune manière.
Quoi que je puisse dire, il[115] doit m'être permis,
Et c'est pour vous convaincre, ainsi que j'ai promis.
Je vais par des douceurs, puisque j'y suis réduite,
Faire poser le masque à cette âme hypocrite,
1375   Flatter, de son amour, les désirs effrontés,
Et donner un champ libre à ses témérités.
Comme c'est pour vous seul, et pour mieux le confondre,
Que mon âme à ses vœux va feindre de répondre,
J'aurai lieu de cesser dès que vous vous rendrez,
1380   Et les choses n'iront que jusqu'où vous voudrez.
C'est à vous d'arrêter son ardeur insensée,
Quand vous croirez l'affaire assez avant poussée,
D'épargner votre femme, et de ne m'exposer
Qu'à ce qu'il vous faudra pour vous désabuser.
1385   Ce sont vos intérêts, vous en serez le maître,
Et... L'on vient, tenez-vous, et gardez de paraître.

SCÈNE V

TARTUFFE, ELMIRE, ORGON.

TARTUFFE

On m'a dit qu'en ce lieu vous me vouliez parler.

ELMIRE

Oui, l'on a des secrets à vous y révéler :
Mais tirez cette porte avant qu'on vous les dise,

---

115   *Il* (au neutre): cela.

1390 Et regardez partout, de crainte de surprise :
Une affaire pareille à celle de tantôt,
N'est pas assurément ici ce qu'il nous faut.
Jamais il ne s'est vu de surprise de même,
Damis m'a fait, pour vous, une frayeur extrême,
1395 Et vous avez bien vu que j'ai fait mes efforts
Pour rompre son dessein, et calmer ses transports.
Mon trouble, il est bien vrai, m'a si fort possédée[116],
Que de le démentir je n'ai point eu l'idée:
Mais par là, grâce au Ciel, tout a bien mieux été,
1400 Et les choses en sont dans plus de sûreté[117].
L'estime où l'on vous tient, a dissipé l'orage,
Et mon mari, de vous, ne peut prendre d'ombrage.
Pour mieux braver l'éclat des mauvais jugements,
Il veut que nous soyons ensemble à tous moments;
1405 Et c'est par où je puis, sans peur d'être blâmée,
Me trouver ici seule avec vous enfermée,
Et ce qui m'autorise à vous ouvrir un cœur
Un peu trop prompt, peut-être, à souffrir votre ardeur.

TARTUFFE

Ce langage, à comprendre, est assez difficile,
1410 Madame, et vous parliez tantôt d'un autre style.

ELMIRE

Ah! si d'un tel refus vous êtes en courroux,
Que le cœur d'une femme est mal connu de vous!
Et que vous savez peu ce qu'il veut faire entendre,
Lorsque si faiblement on le voit se défendre!
1415 Toujours notre pudeur combat, dans ces moments,
Ce qu'on peut nous donner de tendres sentiments.
Quelque raison qu'on trouve à l'amour qui nous dompte,
On trouve à l'avouer, toujours un peu de honte;
On s'en défend d'abord; mais de l'air qu'on s'y prend,
1420 On fait connaître assez que notre cœur se rend;
Qu'à nos vœux, par honneur, notre bouche s'oppose,
Et que de tels refus promettent toute chose.

---

116 VAR. De mon trouble, il est vrai, j'étais si possédée. (1682).
117 VAR. Et les choses en sont en plus de sûreté. (1682).

C'est vous faire, sans doute, un assez libre aveu,
Et sur notre pudeur me ménager bien peu:
1425 Mais puisque la parole enfin en est lâchée,
À retenir Damis, me serais-je attachée ?
Aurais-je, je vous prie, avec tant de douceur,
Écouté tout au long l'offre de votre cœur ?
Aurais-je pris la chose ainsi qu'on m'a vu faire,
1430 Si l'offre de ce cœur n'eût eu de quoi me plaire?
Et lorsque j'ai voulu moi-même vous forcer
À refuser l'hymen qu'on venait d'annoncer,
Qu'est-ce que cette instance a dû vous faire entendre,
Que l'intérêt[118] qu'en vous on s'avise de prendre,
1435 Et l'ennui qu'on aurait que ce nœud qu'on résout,
Vînt partager du moins un cœur que l'on veut tout?

TARTUFFE

C'est sans doute[119], Madame, une douceur extrême,
Que d'entendre ces mots d'une bouche qu'on aime;
Leur miel, dans tous mes sens, fait couler à longs traits
1440 Une suavité qu'on ne goûta jamais.
Le bonheur de vous plaire, est ma suprême étude,
Et mon cœur, de vos vœux, fait sa béatitude;
Mais ce cœur vous demande ici la liberté,
D'oser douter un peu de sa félicité.
1445 Je puis croire ces mots un artifice honnête,
Pour m'obliger à rompre un hymen qui s'apprête;
Et s'il faut librement m'expliquer avec vous,
Je ne me fierai point à des propos si doux,
Qu'un peu de vos faveurs, après quoi je soupire,
1450 Ne vienne m'assurer tout ce qu'ils m'ont pu dire,
Et planter dans mon âme une constante foi
Des charmantes bontés que vous avez pour moi.

ELMIRE. *Elle tousse pour avertir son mari.*

Quoi! vous voulez aller avec cette vitesse,
Et d'un cœur, tout d'abord, épuiser la tendresse?
1455 On se tue à vous faire un aveu des plus doux,

---

118   *Que l'intérêt*: sinon l'intérêt.
119   *Sans doute* : sans aucun doute, assurément.

Cependant ce n'est pas encore assez pour vous ;
Et l'on ne peut aller jusqu'à vous satisfaire,
Qu'aux dernières faveurs on ne pousse l'affaire[120]?

TARTUFFE

Moins on mérite un bien, moins on l'ose espérer ;
1460 Nos vœux, sur des discours, ont peine à s'assurer ;
On soupçonne aisément un sort[121] tout plein de gloire,
Et l'on veut en jouir, avant que de le croire.
Pour moi, qui crois si peu mériter vos bontés,
Je doute du bonheur de mes témérités[122];
1465 Et je ne croirai rien, que vous n'ayez, Madame,
Par des réalités, su convaincre ma flamme.

ELMIRE

Mon Dieu, que votre amour, en vrai tyran agit!
Et qu'en un trouble étrange il me jette l'esprit!
Que sur les cœurs il prend un furieux empire!
1470 Et qu'avec violence il veut ce qu'il désire!
Quoi! de votre poursuite, on ne peut se parer[123],
Et vous ne donnez pas le temps de respirer?
Sied-il bien de tenir une rigueur si grande?
De vouloir sans quartier, les choses qu'on demande?
1475 Et d'abuser ainsi, par vos efforts pressants,
Du faible que pour vous, vous voyez qu'ont les gens?

TARTUFFE

Mais si d'un œil bénin vous voyez mes hommages,
Pourquoi m'en refuser d'assurés témoignages?

ELMIRE

Mais comment consentir à ce que vous voulez,

---

120   *Et l'on ne peut aller...:* et l'on ne peut arriver à vous satisfaire si l'on ne pousse les choses jusqu'aux dernières faveurs.
121   *On soupçonne aisément un sort:* on se défie aisément d'un sort...
122   Ces vers 1459-1464 sont repris, à quelques modifications près, dans *Dom Garcie de Navarre*, v. 654-659.
123   *Se parer:* se garder, se protéger.

1480   Sans offenser le Ciel, dont toujours vous parlez?

TARTUFFE

Si ce n'est que le Ciel qu'à mes vœux on oppose,
Lever un tel obstacle, est à moi peu de chose,
Et cela ne doit pas retenir votre cœur.

ELMIRE

Mais des arrêts du Ciel on nous fait tant de peur.

TARTUFFE

1485   Je puis vous dissiper ces craintes ridicules,
Madame, et je sais l'art de lever les scrupules.
Le Ciel défend, de vrai, certains contentements;
(C'est un scélérat qui parle.)
Mais on trouve avec lui des accommodements.
Selon divers besoins, il est une science,
1490   D'étendre les liens de notre conscience,
Et de rectifier le mal de l'action
Avec la pureté de notre intention[124].
De ces secrets, Madame, on saura vous instruire;
Vous n'avez seulement qu'à vous laisser conduire.
1495   Contentez mon désir, et n'ayez point d'effroi,
Je vous réponds de tout, et prends le mal sur moi.
Vous toussez fort, Madame.

ELMIRE

Oui, je suis au supplice.

TARTUFFE

Vous plaît-il un morceau de ce jus de réglisse?

ELMIRE

---

124   C'est la fameuse *direction d'intention*, que Pascal a reprochée aux casuistes jésuites dans sa VIIe *Provinciale*.

C'est un rhume obstiné, sans doute, et je vois bien
1500   Que tous les jus du monde, ici, ne feront rien.

TARTUFFE

Cela, certe, est fâcheux.

ELMIRE

Oui, plus qu'on ne peut dire.

TARTUFFE

Enfin votre scrupule est facile à détruire,
Vous êtes assurée ici d'un plein secret,
Et le mal n'est jamais que dans l'éclat qu'on fait.
1505   Le scandale du monde, est ce qui fait l'offense;
Et ce n'est pas pécher, que pécher en silence.

ELMIRE, *après avoir encore toussé.*

Enfin je vois qu'il faut se résoudre à céder,
Qu'il faut que je consente à vous tout accorder;
Et qu'à moins de cela, je ne dois point prétendre
1510   Qu'on puisse être content, et qu'on veuille se rendre.
Sans doute[125], il est fâcheux d'en venir jusque-là,
Et c'est bien malgré moi, que je franchis cela:
Mais puisque l'on s'obstine à m'y vouloir réduire,
Puisqu'on ne veut point croire à tout ce qu'on peut dire,
1515   Et qu'on veut des témoins qui soient plus convaincants,
Il faut bien s'y résoudre, et contenter les gens.
Si ce consentement porte en soi quelque offense,
Tant pis pour qui me force à cette violence;
La faute assurément n'en doit pas être à moi.

TARTUFFE

1520   Oui, Madame, on s'en charge, et la chose de soi...

ELMIRE

---

125   *Sans doute* : sans aucun doute, assurément.

Ouvrez un peu la porte, et voyez, je vous prie,
Si mon mari n'est point dans cette galerie.

TARTUFFE

Qu'est-il besoin pour lui, du soin que vous prenez?
C'est un homme, entre nous, à mener par le nez.
1525   De tous nos entretiens, il est pour faire gloire,
Et je l'ai mis au point de voir tout, sans rien croire.

ELMIRE

Il n'importe, sortez, je vous prie, un moment,
Et partout, là dehors, voyez exactement.

SCÈNE VI

ORGON, ELMIRE.

ORGON, *sortant de dessous la table.*

Voilà, je vous l'avoue, un abominable homme!
1530   Je n'en puis revenir, et tout ceci m'assomme.

ELMIRE

Quoi! vous sortez sitôt? Vous vous moquez des gens.
Rentrez sous le tapis, il n'est pas encor temps;
Attendez jusqu'au bout, pour voir les choses sûres,
Et ne vous fiez point aux simples conjectures.

ORGON

1535   Non, rien de plus méchant n'est sorti de l'Enfer.

ELMIRE

Mon Dieu, l'on ne doit point croire trop de léger ;
Laissez-vous bien convaincre, avant que de vous rendre,

Et ne vous hâtez point, de peur de vous méprendre[126].

(Elle fait mettre son mari derrière elle.)

SCÈNE VII

TARTUFFE, ELMIRE, ORGON.

TARTUFFE

    Tout conspire, Madame, à mon contentement:
1540   J'ai visité, de l'œil, tout cet appartement,
    Personne ne s'y trouve, et mon âme ravie…

ORGON, *en l'arrêtant.*

    Tout doux, vous suivez trop votre amoureuse envie,
    Et vous ne devez pas vous tant passionner.
    Ah, ah, l'homme de bien, vous m'en voulez donner[127]!
1545   Comme aux tentations s'abandonne votre âme!
    Vous épousiez ma fille, et convoitiez ma femme!
    J'ai douté fort longtemps, que ce fût tout de bon,
    Et je croyais toujours qu'on changerait de ton:
    Mais c'est assez avant pousser le témoignage,
1550   Je m'y tiens, et n'en veux pour moi pas davantage.

ELMIRE, *à Tartuffe.*

    C'est contre mon humeur, que j'ai fait tout ceci;
    Mais on m'a mise au point de vous traiter ainsi.

TARTUFFE

    Quoi! vous croyez…

ORGON

               Allons, point de bruit, je vous prie ;

---

126   VAR. Et ne vous hâtez pas, de peur de vous méprendre. (1682).
127   VAR. Ah! ah! l'homme de bien, vous m'en vouliez donner! (1682). *En donner à quelqu'un*: le tromper.

Dénichons de céans, et sans cérémonie.

TARTUFFE

Mon dessein…

ORGON

Ces discours ne sont plus de saison,
Il faut, tout sur-le-champ, sortir de la maison.

TARTUFFE

C'est à vous d'en sortir, vous qui parlez en maître.
La maison m'appartient, je le ferai connaître,
Et vous montrerai bien qu'en vain on a recours,
1560   Pour me chercher querelle, à ces lâches détours;
Qu'on n'est pas où l'on pense, en me faisant injure;
Que j'ai de quoi confondre, et punir l'imposture,
Venger le Ciel qu'on blesse, et faire repentir
Ceux qui parlent ici de me faire sortir.

SCÈNE VIII

ELMIRE, ORGON.

ELMIRE

1565   Quel est donc ce langage, et qu'est-ce qu'il veut dire?

ORGON

Ma foi, je suis confus, et n'ai pas lieu de rire.

ELMIRE

Comment?

ORGON

Je vois ma faute, aux choses qu'il me dit,

Et la donation m'embarrasse l'esprit.

ELMIRE

La donation…

ORGON

Oui, c'est une affaire faite ;
1570   Mais j'ai quelque autre chose encor qui m'inquiète.

ELMIRE

Et quoi?

ORGON

Vous saurez tout: mais voyons au plus tôt,
Si certaine cassette est encore là-haut.

ACTE V, SCÈNE PREMIÈRE

ORGON, CLÉANTE.

CLÉANTE

Où voulez-vous courir?

ORGON

Las! que sais-je?

CLÉANTE

Il me semble
Que l'on doit commencer par consulter ensemble,
1575   Les choses qu'on peut faire en cet événement.

ORGON

Cette cassette-là me trouble entièrement.

Plus que le reste encore, elle me désespère.

CLÉANTE

Cette cassette est donc un important mystère?

ORGON

C'est un dépôt qu'Argas, cet ami que je plains,
1580   Lui-même, en grand secret, m'a mis entre les mains.
Pour cela, dans sa fuite, il me voulut élire[128];
Et ce sont des papiers, à ce qu'il m'a pu dire,
Où sa vie, et ses biens, se trouvent attachés.

CLÉANTE

Pourquoi donc les avoir en d'autres mains lâchés?

ORGON

1585   Ce fut par un motif de cas de conscience.
J'allai droit à mon traître en faire confidence,
Et son raisonnement me vint persuader
De lui donner plutôt la cassette à garder;
Afin que pour nier, en cas de quelque enquête,
1590   J'eusse d'un faux-fuyant, la faveur toute prête,
Par où ma conscience eût pleine sûreté
À faire des serments contre la vérité.

CLÉANTE

Vous voilà mal, au moins si j'en crois l'apparence,
Et la donation, et cette confidence[129],
1595   Sont, à vous en parler selon mon sentiment,
Des démarches, par vous, faites légèrement.
On peut vous mener loin avec de pareils gages,
Et cet homme, sur vous, ayant ces avantages,
Le pousser est encor grande imprudence à vous,
1600   Et vous deviez chercher quelque biais plus doux.

---

128   *Elire:* choisir.
129   *Cette confidence*: le fait d'avoir conservé cette cassette qui vous avait été confiée.

ORGON

Quoi! sous un beau semblant[130] de ferveur si touchante,
Cacher un cœur si double, une âme si méchante?
Et moi qui l'ai reçu gueusant, et n'ayant rien…
C'en est fait, je renonce à tous les gens de bien.
1605 J'en aurai désormais une horreur effroyable,
Et m'en vais devenir, pour eux, pire qu'un diable.

CLÉANTE

Hé bien, ne voilà pas de vos emportements !
Vous ne gardez en rien les doux tempéraments.
Dans la droite raison, jamais n'entre la vôtre ;
1610 Et toujours, d'un excès, vous vous jetez dans l'autre.
Vous voyez votre erreur, et vous avez connu,
Que par un zèle feint vous étiez prévenu:
Mais pour vous corriger, quelle raison demande
Que vous alliez passer dans une erreur plus grande,
1615 Et qu'avecque le cœur d'un perfide vaurien,
Vous confondiez les cœurs de tous les gens de bien?
Quoi! parce qu'un fripon vous dupe avec audace,
Sous le pompeux éclat d'une austère grimace,
Vous voulez que partout on soit fait comme lui,
1620 Et qu'aucun vrai dévot ne se trouve aujourd'hui?
Laissez aux libertins ces sottes conséquences,
Démêlez la vertu d'avec ses apparences,
Ne hasardez jamais votre estime trop tôt,
Et soyez, pour cela, dans le milieu qu'il faut.
1625 Gardez-vous, s'il se peut, d'honorer l'imposture:
Mais au vrai zèle aussi n'allez pas faire injure;
Et s'il vous faut tomber dans une extrémité,
Péchez plutôt encor de cet autre côté.

SCÈNE II

DAMIS, ORGON, CLÉANTE.

DAMIS

---

130   Var. Quoi? sur un beau semblant… (1682).

Quoi! mon père, est-il vrai qu'un coquin vous menace?
1630 Qu'il n'est point de bienfait qu'en son âme il n'efface;
Et que son lâche orgueil, trop digne de courroux,
Se fait, de vos bontés, des armes contre vous?

ORGON

Oui, mon fils, et j'en sens des douleurs nompareilles.

DAMIS

Laissez-moi, je lui veux couper les deux oreilles.
1635 Contre son insolence, on ne doit point gauchir[131].
C'est à moi, tout d'un coup, de vous en affranchir ;
Et pour sortir d'affaire, il faut que je l'assomme.

CLÉANTE

Voilà, tout justement, parler en vrai jeune homme.
Modérez, s'il vous plaît, ces transports éclatants;
1640 Nous vivons sous un règne, et sommes dans un temps,
Où, par la violence, on fait mal ses affaires.

SCÈNE III

MADAME PERNELLE, MARIANE, ELMIRE, DORINE, DAMIS, ORGON, CLÉANTE.

MADAME PERNELLE

Qu'est-ce? J'apprends ici de terribles mystères[132].

ORGON

Ce sont des nouveautés dont mes yeux sont témoins,
Et vous voyez le prix dont sont payés mes soins.
1645 Je recueille, avec zèle, un homme en sa misère,
Je le loge, et le tiens comme mon propre frère;
De bienfaits, chaque jour, il est par moi chargé,

---

131   *On ne doit point gauchir*: on ne doit pas y aller par quatre chemins.
132   *Mystères*: secrets, révélations.

Je lui donne ma fille, et tout le bien que j'ai;
Et dans le même temps, le perfide, l'infâme,
1650 Tente le noir dessein de suborner ma femme ;
Et non content encor de ces lâches essais,
Il m'ose menacer de mes propres bienfaits,
Et veut, à ma ruine, user des avantages
Dont le viennent d'armer mes bontés trop peu sages;
1655 Me chasser de mes biens où je l'ai transféré,
Et me réduire au point d'où je l'ai retiré.

DORINE

Le pauvre homme!

MADAME PERNELLE

Mon fils, je ne puis du tout croire
Qu'il ait voulu commettre une action si noire.

ORGON

Comment?

MADAME PERNELLE

Les gens de bien sont enviés toujours.

ORGON

1660 Que voulez-vous donc dire avec votre discours,
Ma mère?

MADAME PERNELLE

Que chez vous on vit d'étrange sorte,
Et qu'on ne sait que trop la haine qu'on lui porte.

ORGON

Qu'a cette haine à faire avec ce qu'on vous dit?

MADAME PERNELLE

Je vous l'ai dit cent fois, quand vous étiez petit.

1665 La vertu, dans le monde, est toujours poursuivie;
Les envieux mourront, mais non jamais l'envie.

ORGON

Mais que fait ce discours aux choses d'aujourd'hui?

MADAME PERNELLE

On vous aura forgé cent sots contes de lui.

ORGON

Je vous ai dit déjà, que j'ai vu tout moi-même.

MADAME PERNELLE

1670 Des esprits médisants, la malice est extrême.

ORGON

Vous me feriez damner, ma mère. Je vous di,
Que j'ai vu de mes yeux, un crime si hardi.

MADAME PERNELLE

Les langues ont toujours du venin à répandre;
Et rien n'est, ici-bas, qui s'en puisse défendre.

ORGON

1675 C'est tenir un propos de sens bien dépourvu !
Je l'ai vu, dis-je, vu, de mes propres yeux vu,
Ce qu'on appelle vu: faut-il vous le rebattre
Aux oreilles cent fois, et crier comme quatre?

MADAME PERNELLE

Mon Dieu, le plus souvent, l'apparence déçoit.
1680 Il ne faut pas toujours juger sur ce qu'on voit.

ORGON

J'enrage.

MADAME PERNELLE

Aux faux soupçons la nature est sujette;
Et c'est souvent à mal, que le bien s'interprète.

ORGON

Je dois interpréter à charitable soin,
Le désir d'embrasser ma femme?

MADAME PERNELLE

Il est besoin,
1685   Pour accuser les gens, d'avoir de justes causes,
Et vous deviez attendre à vous voir sûr des choses.

ORGON

Hé, diantre, le moyen de m'en assurer mieux?
Je devais donc, ma mère, attendre qu'à mes yeux
Il eût… Vous me feriez dire quelque sottise.

MADAME PERNELLE

1690   Enfin d'un trop pur zèle on voit son âme éprise,
Et je ne puis du tout me mettre dans l'esprit,
Qu'il ait voulu tenter les choses que l'on dit.

ORGON

Allez. Je ne sais pas, si vous n'étiez ma mère,
Ce que je vous dirais, tant je suis en colère.

DORINE

1695   Juste retour, Monsieur, des choses d'ici-bas.
Vous ne vouliez point croire, et l'on ne vous croit pas.

CLÉANTE

Nous perdons des moments, en bagatelles pures,
Qu'il faudrait employer à prendre des mesures.
Aux menaces du fourbe, on doit ne dormir point[133].

DAMIS

1700   Quoi! son effronterie irait jusqu'à ce point?

ELMIRE

Pour moi, je ne crois pas cette instance[134] possible,
Et son ingratitude est ici trop visible.

CLÉANTE

Ne vous y fiez pas, il aura des ressorts,
Pour donner, contre vous, raison à ses efforts;
1705   Et sur moins que cela, le poids d'une cabale
Embarrasse les gens dans un fâcheux dédale.
Je vous le dis encore, armé de ce qu'il a,
Vous ne deviez jamais le pousser jusque-là.

ORGON

Il est vrai, mais qu'y faire? À l'orgueil de ce traître[135],
1710   De mes ressentiments je n'ai pas été maître.

CLÉANTE

Je voudrais de bon cœur, qu'on pût entre vous deux,
De quelque ombre de paix, raccommoder les nœuds.

ELMIRE

Si j'avais su qu'en main il a de telles armes,

---

133   VAR. Aux menaces du fourbe, on ne doit dormir point. (1682).
134   *Cette instance*: ce procès, cette poursuite.
135   *À l'orgueil de ce traître*: devant l'orgueil de ce traître.

Je n'aurais pas donné matière à tant d'alarmes,
Et mes…

ORGON

1715   Que veut cet homme? Allez tôt le savoir ;
Je suis bien en état que l'on me vienne voir.

SCÈNE IV

MONSIEUR LOYAL, MADAME PERNELLE, ORGON, DAMIS, MARIANE, DORINE, ELMIRE,
CLÉANTE.

MONSIEUR LOYAL

Bonjour, ma chère sœur. Faites, je vous supplie,
Que je parle à Monsieur.

DORINE

Il est en compagnie,
Et je doute qu'il puisse, à présent, voir quelqu'un.

MONSIEUR LOYAL

1720 Je ne suis pas pour être, en ces lieux, importun.
Mon abord n'aura rien, je crois, qui lui déplaise,
Et je viens pour un fait dont il sera bien aise.

DORINE

Votre nom?

MONSIEUR LOYAL

Dites-lui seulement que je vien
De la part de Monsieur Tartuffe, pour son bien.

DORINE

1725 C'est un homme qui vient, avec douce manière,

De la part de Monsieur Tartuffe, pour affaire,
Dont vous serez, dit-il, bien aise.

CLÉANTE

Il vous faut voir
Ce que c'est que cet homme, et ce qu'il peut vouloir.

ORGON

Pour nous raccommoder, il vient ici, peut-être.
1730   Quels sentiments aurai-je à lui faire paraître?

CLÉANTE

Votre ressentiment ne doit point éclater,
Et s'il parle d'accord, il le faut écouter.

MONSIEUR LOYAL

Salut, Monsieur. Le Ciel perde qui vous veut nuire,
Et vous soit favorable autant que je désire.

ORGON

1735   Ce doux début s'accorde avec mon jugement,
Et présage déjà quelque accommodement.

MONSIEUR LOYAL

Toute votre maison m'a toujours été chère,
Et j'étais serviteur de Monsieur votre père.

ORGON

Monsieur, j'ai grande honte, et demande pardon,
1740   D'être sans vous connaître, ou savoir votre nom.

MONSIEUR LOYAL

Je m'appelle Loyal, natif de Normandie,

Et suis huissier à verge[136], en dépit de l'envie.

J'ai depuis quarante ans, grâce au Ciel, le bonheur

D'en exercer la charge avec beaucoup d'honneur;

1745   Et je vous viens, Monsieur, avec votre licence,

Signifier l'exploit de certaine ordonnance.

ORGON

Quoi! vous êtes ici…

MONSIEUR LOYAL

Monsieur, sans passion,

Ce n'est rien seulement qu'une sommation,

Un ordre de vider d'ici, vous, et les vôtres,

1750   Mettre vos meubles hors, et faire place à d'autres,

Sans délai, ni remise, ainsi que besoin est…

ORGON

Moi, sortir de céans?

MONSIEUR LOYAL

Oui, Monsieur, s'il vous plaît.

La maison à présent, comme savez de reste,

Au bon Monsieur Tartuffe appartient sans conteste.

1755   De vos biens désormais il est maître, et seigneur,

En vertu d'un contrat duquel je suis porteur.

Il est en bonne forme, et l'on n'y peut rien dire.

DAMIS

Certes, cette impudence est grande, et je l'admire[137].

MONSIEUR LOYAL

Monsieur, je ne dois point avoir affaire à vous;

---

136   La verge servait aux huissiers — mais M. Loyal est-il huissier ou simplement sergent, comme l'indique la liste des personnages? — à toucher celui auquel il venait signifier un exploit.

137   *Je l'admire*: j'en suis stupéfait.

1760 C'est à Monsieur, il est, et raisonnable, et doux,
Et d'un homme de bien il sait trop bien l'office[138],
Pour se vouloir du tout opposer à justice.

ORGON

Mais…

MONSIEUR LOYAL

Oui, Monsieur, je sais que pour un million
Vous ne voudriez pas faire rébellion;
1765 Et que vous souffrirez en honnête personne,
Que j'exécute ici les ordres qu'on me donne.

DAMIS

Vous pourriez bien ici, sur votre noir jupon[139],
Monsieur l'huissier à verge, attirer le bâton.

MONSIEUR LOYAL

Faites que votre fils se taise, ou se retire,
1770 Monsieur ; j'aurais regret d'être obligé d'écrire,
Et de vous voir couché dans mon procès-verbal.

DORINE

Ce Monsieur Loyal porte un air bien déloyal!

MONSIEUR LOYAL

Pour tous les gens de bien, j'ai de grandes tendresses,
Et ne me suis voulu, Monsieur, charger des pièces,
1775 Que pour vous obliger, et vous faire plaisir;
Que pour ôter, par là, le moyen d'en choisir,
Qui n'ayant pas pour vous le zèle qui me pousse,
Auraient pu procéder d'une façon moins douce.

---

138   *L'office*: le rôle, la conduite.
139   *Votre noir jupon*: le jupon est, selon le dictionnaire de Furetière (1690), un «grand pourpoint» ou «un petit juste-au-corps [...] qui ne serre point le corps et qui est une espèce de veste propre pour l'été.»

ORGON

Et que peut-on de pis, que d'ordonner aux gens
De sortir de chez eux?

MONSIEUR LOYAL

1780   On vous donne du temps,
Et jusques à demain, je ferai surséance
À l'exécution, Monsieur, de l'ordonnance.
Je viendrai seulement passer ici la nuit,
Avec dix de mes gens, sans scandale, et sans bruit.
1785 Pour la forme, il faudra, s'il vous plaît, qu'on m'apporte,
Avant que se coucher, les clefs de votre porte.
J'aurai soin de ne pas troubler votre repos,
Et de ne rien souffrir qui ne soit à propos.
Mais demain du matin, il vous faut être habile
1790 À vider de céans jusqu'au moindre ustensile.
Mes gens vous aideront ; et je les ai pris forts,
Pour vous faire service à tout mettre dehors.
On n'en peut pas user mieux que je fais, je pense;
Et comme je vous traite avec grande indulgence,
1795 Je vous conjure aussi, Monsieur, d'en user bien,
Et qu'au dû de ma charge on ne me trouble en rien.

ORGON

Du meilleur de mon cœur, je donnerais sur l'heure
Les cent plus beaux louis de ce qui me demeure,
Et pouvoir à plaisir, sur ce mufle asséner
1800 Le plus grand coup de poing qui se puisse donner[140].

CLÉANTE

Laissez, ne gâtons rien.

DAMIS

A cette audace étrange,

---

[140] Le long passage qui va du v.1773 au v.1800 était sauté à la représentation.

J'ai peine à me tenir, et la main me démange[141].

DORINE

Avec un si bon dos, ma foi, Monsieur Loyal,
Quelques coups de bâton ne vous siéraient pas mal.

MONSIEUR LOYAL

1805   On pourrait bien punir ces paroles infâmes,
Mamie, et l'on décrète aussi contre les femmes.

CLÉANTE

Finissons tout cela, Monsieur, c'en est assez;
Donnez tôt ce papier, de grâce, et nous laissez.

MONSIEUR LOYAL

Jusqu'au revoir. Le Ciel vous tienne tous en joie.

ORGON

1810   Puisse-t-il te confondre, et celui qui t'envoie!

SCÈNE V

ORGON, CLÉANTE, MARIANE, ELMIRE, MADAME PERNELLE, DORINE, DAMIS.

ORGON

Hé bien, vous le voyez, ma mère, si j'ai droit[142];
Et vous pouvez juger du reste, par l'exploit.
Ses trahisons enfin, vous sont-elles connues?

---

141   VAR. Cette audace est trop forte,/ J'ai peine à me tenir, il vaut mieux que je sorte
(1682).
Selon l'édition de 1734 (t. Ier, p. V et VI), «les comédiens avaient fait ce changement parce
que souvent ils étaient dans la nécessité de faire jouer deux personnages à un même
acteur, et qu'en faisant ainsi sortir Damis du théâtre, il pouvait, en changeant d'habits, faire
le rôle de l'Exempt, qui vient avec Tartuffe à la fin de l'acte.»
142   *Si j'ai droit*: si j'ai sujet de me plaindre.

MADAME PERNELLE

Je suis toute ébaubie, et je tombe des nues.

DORINE

1815   Vous vous plaignez à tort, à tort vous le blâmez,
      Et ses pieux desseins, par là, sont confirmés.
      Dans l'amour du prochain, sa vertu se consomme,
      Il sait que très souvent les biens corrompent l'homme,
      Et par charité pure, il veut vous enlever
1820   Tout ce qui vous peut faire obstacle à vous sauver.

ORGON

Taisez-vous; c'est le mot qu'il vous faut toujours dire.

CLÉANTE

Allons voir quel conseil on doit vous faire élire[143].

ELMIRE

Allez faire éclater l'audace de l'ingrat.
Ce procédé détruit la vertu du contrat;
1825   Et sa déloyauté va paraître trop noire,
      Pour souffrir qu'il en ait le succès qu'on veut croire.

SCÈNE VI

VALÈRE, ORGON, CLÉANTE, ELMIRE, MARIANE.

VALÈRE

Avec regret, Monsieur, je viens vous affliger;
Mais je m'y vois contraint par le pressant danger.
Un ami qui m'est joint d'une amitié fort tendre,

---

143   *Quel conseil on doit vous faire élire*: quel parti on doit vous faire choisir. Les vers 1815 à 1822 étaient sautés à la représentation.

1830   Et qui sait l'intérêt qu'en vous j'ai lieu de prendre,

A violé pour moi, par un pas délicat,

Le secret que l'on doit aux affaires d'État,

Et me vient d'envoyer un avis dont la suite

Vous réduit[144] au parti d'une soudaine fuite.

1835   Le fourbe, qui longtemps a pu vous imposer,

Depuis une heure, au Prince a su vous accuser,

Et remettre en ses mains, dans les traits qu'il vous jette,

D'un criminel d'État, l'importante cassette,

Dont au mépris, dit-il, du devoir d'un sujet,

1840   Vous avez conservé le coupable secret.

J'ignore le détail du crime qu'on vous donne,

Mais un ordre est donné contre votre personne;

Et lui-même est chargé, pour mieux l'exécuter,

D'accompagner celui qui vous doit arrêter.

CLÉANTE

1845   Voilà ses droits armés[145], et c'est par où le traître,

De vos biens qu'il prétend, cherche à se rendre maître.

ORGON

L'homme est, je vous l'avoue, un méchant animal!

VALÈRE

Le moindre amusement[146] vous peut être fatal.

J'ai, pour vous emmener, mon carrosse à la porte,

1850   Avec mille louis qu'ici je vous apporte.

Ne perdons point de temps, le trait est foudroyant,

Et ce sont de ces coups que l'on pare en fuyant.

À vous mettre en lieu sûr, je m'offre pour conduite,

Et veux accompagner, jusqu'au bout, votre fuite.

ORGON

1855   Las! que ne dois-je point à vos soins obligeants?

---

144   *Dont la suite vous réduit*: dont la conséquence vous contraint...

145   *Voilà ses droits armés:* le voilà maintenant muni d'armes qui lui permettront d'abuser de ses droits.

146   *Amusement*: délai, atermoiement.

Pour vous en rendre grâce, il faut un autre temps;
Et je demande au Ciel, de m'être assez propice,
Pour reconnaître un jour ce généreux service.
Adieu, prenez le soin vous autres…

CLÉANTE

                                        Allez tôt;
1860   Nous songerons, mon frère, à faire ce qu'il faut.

SCÈNE DERNIÈRE

L'EXEMPT, TARTUFFE, VALÈRE, ORGON, ELMIRE, MARIANE, etc.

TARTUFFE

Tout beau, Monsieur, tout beau, ne courez point si vite,
Vous n'irez pas fort loin, pour trouver votre gîte,
Et de la part du Prince, on vous fait prisonnier.

ORGON

Traître, tu me gardais ce trait pour le dernier.
1865   C'est le coup, scélérat, par où tu m'expédies,
Et voilà couronner toutes tes perfidies.

TARTUFFE

Vos injures n'ont rien à me pouvoir aigrir,
Et je suis, pour le Ciel, appris à tout souffrir.

CLÉANTE

La modération est grande, je l'avoue.

DAMIS

1870   Comme du Ciel, l'infâme, impudemment se joue!

TARTUFFE

Tous vos emportements ne sauraient m'émouvoir,
Et je ne songe à rien, qu'à faire mon devoir.

MARIANE

Vous avez de ceci, grande gloire à prétendre,
Et cet emploi pour vous, est fort honnête à prendre.

TARTUFFE

1875   Un emploi ne saurait être que glorieux,
Quand il part du pouvoir qui m'envoie en ces lieux.

ORGON

Mais t'es-tu souvenu que ma main charitable,
Ingrat, t'a retiré d'un état misérable?

TARTUFFE

Oui, je sais quels secours j'en ai pu recevoir;
1880   Mais l'intérêt du Prince est mon premier devoir!
De ce devoir sacré, la juste violence
Étouffe dans mon cœur toute reconnaissance ;
Et je sacrifierais à de si puissants nœuds,
Ami, femme, parents, et moi-même avec eux.

ELMIRE

L'imposteur!

DORINE

1885   Comme il sait, de traîtresse manière,
Se faire un beau manteau de tout ce qu'on révère!

CLÉANTE

Mais s'il est si parfait que vous le déclarez,
Ce zèle qui vous pousse, et dont vous vous parez;
D'où vient que pour paraître, il s'avise d'attendre,
1890   Qu'à poursuivre sa femme, il ait su vous surprendre?

Et que vous ne songez à l'aller dénoncer,

Que lorsque son honneur l'oblige à vous chasser?

Je ne vous parle point, pour devoir en distraire,

Du don de tout son bien[147] qu'il venait de vous faire:

1895 Mais le voulant traiter en coupable aujourd'hui,

Pourquoi consentiez-vous à rien prendre de lui?

TARTUFFE, *à l'Exempt.*

Délivrez-moi, Monsieur, de la criaillerie,

Et daignez accomplir votre ordre, je vous prie.

L'EXEMPT

Oui, c'est trop demeurer, sans doute[148], à l'accomplir.

1900 Votre bouche à propos m'invite à le remplir;

Et pour l'exécuter, suivez-moi tout à l'heure[149]

Dans la prison qu'on doit vous donner pour demeure.

TARTUFFE

Qui, moi, Monsieur?

L'EXEMPT

Oui, vous.

TARTUFFE

Pourquoi donc la prison?

L'EXEMPT

Ce n'est pas vous à qui j'en veux rendre raison.

1905 Remettez-vous, Monsieur, d'une alarme si chaude[150].

Nous vivons sous un Prince ennemi de la fraude,

Un Prince dont les yeux se font jour dans les cœurs,

---

147 *Je ne vous parle point*...: je ne vous parle point du don de tout son bien..., ce qui aurait dû vous détourner de cette dénonciation.

148 *Sans doute* : sans aucun doute, assurément.

149 *Tout à l'heure*: immédiatement;

150 Bien entendu, L'Exempt s'adresse à Orgon à partir du vers 1905.

Et que ne peut tromper tout l'art des imposteurs.

D'un fin discernement, sa grande âme pourvue,

1910   Sur les choses toujours jette une droite vue,

Chez elle jamais rien ne surprend trop d'accès,

Et sa ferme raison ne tombe en nul excès.

Il donne aux gens de bien une gloire immortelle,

Mais sans aveuglement il fait briller ce zèle,

1915   Et l'amour pour les vrais[151], ne ferme point son cœur

À tout ce que les faux doivent donner d'horreur.

Celui-ci n'était pas pour le pouvoir surprendre,

Et de pièges plus fins on le voit se défendre.

D'abord il a percé, par ses vives clartés,

1920   Des replis de son cœur, toutes les lâchetés.

Venant vous accuser, il s'est trahi lui-même,

Et par un juste trait de l'équité suprême[152],

S'est découvert au Prince un fourbe renommé,

Dont sous un autre nom il était informé;

1925   Et c'est un long détail d'actions toutes noires,

Dont on pourrait former des volumes d'histoires.

Ce monarque, en un mot, a vers vous détesté

Sa lâche ingratitude, et sa déloyauté[153];

À ses autres horreurs, il a joint cette suite[154],

1930   Et ne m'a, jusqu'ici, soumis à sa conduite,

Que pour voir l'impudence aller jusques au bout,

Et vous faire, par lui, faire raison de tout[155].

Oui, de tous vos papiers, dont il se dit le maître,

Il veut qu'entre vos mains, je dépouille le traître.

1935   D'un souverain pouvoir il brise les liens

Du contrat qui lui fait un don de tous vos biens,

Et vous pardonne enfin cette offense secrète

Où vous a, d'un ami, fait tomber la retraite;

Et c'est le prix qu'il donne au zèle qu'autrefois

1940   On vous vit témoigner, en appuyant ses droits[156];

Pour montrer que son cœur sait, quand moins on y pense,

---

151   *Pour les vrais:* pour les véritables gens de bien.

152   *Et par un juste trait de l'équité suprême*: par un effet de la justice divine.

153   *A vers vous détesté sa lâche ingratitude et sa déloyauté*: a eu en horreur l'ingratitude et la déloyauté qu'il a manifestées envers vous.

154   *Cette suite*: cette dernière horreur.

155   Les vers 1909-1916, 1919-1926, et 1929-1932 étaient sautés à la représentation.

156   On se souvient qu'Orgon, durant la Fronde, a soutenu, contre le Parlement et les Princes, les droits de la Couronne.

D'une bonne action verser la récompense ;
Que jamais le mérite, avec lui, ne perd rien,
Et que mieux que du mal, il se souvient du bien.

DORINE

Que le Ciel soit loué!

MADAME PERNELLE

1945   Maintenant je respire.

ELMIRE

Favorable succès!

MARIANE

Qui l'aurait osé dire?

ORGON, *à Tartuffe.*

Hé bien, te voilà, traître…

CLÉANTE

Ah! mon frère, arrêtez,
Et ne descendez point à des indignités.
À son mauvais destin laissez un misérable,
1950   Et ne vous joignez point au remords qui l'accable.
Souhaitez bien plutôt, que son cœur, en ce jour,
Au sein de la vertu fasse un heureux retour;
Qu'il corrige sa vie, en détestant son vice,
Et puisse du grand Prince adoucir la justice;
1955   Tandis qu'à sa bonté vous irez à genoux,
Rendre ce que demande un traitement si doux.

ORGON

Oui, c'est bien dit; allons à ses pieds, avec joie,
Nous louer des bontés que son cœur nous déploie:
Puis acquittés un peu de ce premier devoir,

1960   Aux justes soins d'un autre, il nous faudra pourvoir;
         Et par un doux hymen, couronner en Valère,
         La flamme d'un amant généreux, et sincère.

Made in United States
Orlando, FL
23 December 2021

12389245R00061